斉藤弘子

人は死んだら どうなるのか？

言視舎

まえがき――「死後のストーリー」について横断的な整理

「人は死んだらどうなるのか」という問いは、人類が誕生したときからの疑問ではないでしょうか。自分を対象として意識することができる人間だけが、自らの死も意識することができます。その意味では「自分とは何なのか」という問いと同じくらい古い疑問でもあるでしょう。自らを問う能力ゆえに、歴史や文化を創造するにいたった人間にしかできない問いなのです。

同時に、人間は死に対して拭い去ることのできない不安や恐怖心をもっています。自らの死は体験できない未知の世界だからです。人は、他者の死を通して死を認識するしかないのです。しかも死の瞬間や死後の世界について、先に逝ったものから聞くこともできません。

「死は怖くない、死んだときには自分は存在していないから」(古代ギリシャの哲学者・エピクロスの知恵)と言われても、これで「不安」が解消できる人はほとんどいないでしょう。

それゆえ、死に対する不安の払拭と根源的な知的関心のために、死や死後に関するさまざまな説が生まれ、今なお語られています。たとえば世界各地の言い伝えがあります。その土地の儀礼や習俗、物語のなかには、それぞれの死生観が織り込まれています。地域の信仰から世界レベルに拡大した宗教も、「死」の問題抜きにその教説は成り立たないといっても過言ではないでしょう。

また、さまざまな知性が、この問いに答えようとしてきました。多くの哲学者や科学者がこの問題に関心を寄せています。古代ギリシャの哲学者・プラトンは、肉体は滅んでも霊魂は死なないという魂の不死説を唱えました。二十世紀の代表的な哲学者・ハイデッガーは、人間のあり方を「死への存在」とあらわしています。最新の科学は、臨死体験やその際の脳の働きを説明しようとしています。こうした例には枚挙のいとまもありません。

にもかかわらず、このような「死」についての説明や物語を一望できるような整理は、あまりなされていないのです。たとえば、日本には仏教の宗派が多くあり、それぞれが独自の死や死後についての理論や物語をもっていますが、それが比較できるようにはなってはいないと思います。さらにそれをほかの宗教、哲学や人類学的な知見、科学情報等と比べることもあまりありません。で、あるがゆえに、本書はあまりなされてこなかった整理を試みてみようと思います。

そもそもの「死」に関する問いに対して（人は死んだらどうなるのかを中心にして）、さまざまな立場が用意する「死後」のストーリーを横断的にまとめてみました。

もちろん、これはほんの一部です。それぞれの章について多くの本が書かれ、膨大な知恵が蓄積されています。人類最大の謎についての知見なので、魅力ある知識にあふれています。本書を契機にそれらを探ることをおすすめします。

また、この「そもそも」の問題を考えるに至ったきっかけには、いろいろなことが考えられます。切実な不安や悩みもあることでしょう。別の視点から眺めることで、それらが軽減される可能性もあります。本書がその一助になれたら幸いです。

目次

I　宗教・民族別のストーリー

多くの日本人は、死んだら「どこ」へ行くと思っているのか？

日本には先祖信仰があり、「あの世」があるという考えに馴染みがある

日本人の死生観をみるうえで、日本の風土や環境の影響を見逃すことはできません。日本は山と海という自然に取り巻かれている、森林山岳社会であり、海洋国家でもある、といってよいでしょう。そういった山野河海《さんやかかい》や森林に神々が宿り、自然の奥座敷に鎮座すると、古代日本の宗教である「神道」では考えられていたのです。

なお、ここでいう「神道」とは、明治政府が神仏分離を進めるとともに国家に支援された「国家神道」とは異なり、日本の風土や生活習慣に基づいて生じた神概念がもとになっており、そのルーツは縄文時代にさかのぼるといわれているもののことです。厳密にいうと、仏教などの外来宗教の影響を受ける以前に存在していたものは「古神道」、「原始神道」と呼ばれ、民間で行なわれてきた道祖神、田の神や山の神などの信仰行事は「民間神道」といわれています。ここでは、外来宗教の影響を受けずに、民衆の間でうけつがれてきた信仰につながる考えを「神道」としてとらえたいと思います。

「神道」では、仏教などのように開祖がいるわけではなく、自然をはじめあらゆる事象に神の存在がある、つまり森羅万象に神が宿るとされています。「八百万の神（やおよろずのかみ）」という言葉を耳にしたことがあると思いますが、多くの神々を見出す多神教なのです。神は人々に身近な存在であり、地域社会を守り、民に恩恵を与える守護神としてみられていました。

さらに先祖も、神々と同じように崇拝されます。お盆といわれるしきたりや形式はこうした「神道」に由来するといわれています。ただ、仏教伝来以来の神仏習合の影響によって、寺で行なわれるようになり仏教行事とされるようになったのです。

▼柳田國男の考え

先祖崇拝については、日本民俗学の父といわれた柳田國男が日本各地を歩き、先祖や祖霊を日本人はどのように考えてきたのかという観点から日本人の固有信仰として解き明かしています。その代表的な著作『先祖の話』には、日本人の霊魂観や死生観がよく現われています。

この本をベースに先祖崇拝、霊魂観や他界観についてみてみましょう。

私たちの先祖の霊は「**祖霊**」といわれます。亡くなった家族の霊は、法要として知られる三十三年、五十年という一定の年月を過ぎると生前の生々しい個性を失い、「みたまさま」や「ご先祖さま」と呼ばれる先祖代々の霊性「祖霊」に溶け込んでしまうといわれています。

この祖霊は、生前の家郷から遠く離れないところに鎮座し、氏神様と融合一体化して、あるときは「山の神」、あるときは「田の神」となり、身近なところで子孫を守り続けているのです。**さらに祖霊は、あの世とこの世を行き来する**、と考えられてます。お盆やお正月がそのときで、たしかに、お盆やお正月には、先祖は子孫のもとに帰ってくる、といわれます。

お盆では、お墓参りの際に墓前の火を家に持ち帰って先祖の霊をお迎えする、逆にお盆の最後には先祖があの世に帰っていくための送り火を焚く習慣があります。お正月は、大晦日から元旦まで、土地の鎮守や家の神々をお祀りし、明けては新年を祝って初詣をします。お盆と正月は、日本の伝統的行事であり、祖霊は子孫に迎えられて交流し合う存在となるのです。

柳田國男は、『先祖の話』のなかで、「私がこの本の中で力を入れて説きたいと思う一つの点は、**日本人の死後の観念、すなわち霊は永久にこの国土のうちに留まって、そう遠方へは行ってしまわないという信仰が、おそらくは世の始めから、少なくとも今日まで、かなり根強くまだ持ち続けられているということである**」と語っています。

「あの世」といえば、仏教にみる六道輪廻の世界と思われるかもしれませんが、それ以前に、日本の民間では右のような霊魂や死生観が培われ、民俗として伝承され、日本人の死後の世界の代名詞となってきたのです。

人は死んだら「閻魔王」など十王の裁きを受ける？

「冥途の旅」についての詳しい説明を聞く――法要の基礎知識

幼い頃、「うそをつくと地獄で閻魔さまに舌を抜かれるよ」と言われた人もいるでしょう。**閻魔さま**とは、仏教で冥界の王、地獄の主ともいわれています。そもそもサンスクリット語では「ヤマ」といわれ、ヒンドゥー教では死者を審判する役目をもっていたのです。それが中国の仏教や道教において、「人は死後、生者でも死者でもない『中有』となり、順次、十王の裁きを受ける」という信仰が生まれ、閻魔王はその十王の裁判官の一人となったのです。

日本の仏教では、閻魔は地蔵菩薩の化身ともされていましたが、平安時代になって末法思想（仏法が正しく行なわれなくなるという厭世的な考え方）や冥界思想とともに広まり、鎌倉時代の初期には「地蔵十王経」という経典が作られました。

「**地蔵十王経**」には、三途の川や賽の河原が登場し、**死んだ者がどのような道をたどり、十王の裁きを受けて、どのような世界に生まれ変わるか、冥途の旅が描かれています**。それゆえ、それまでは、死者は黄泉の国に行くと漠然と考えられていたのですが、仏教的な地獄が加わり、他界についての考え方も変化したのです。

　では、人は死後、どのような冥途の旅をたどると説明されているのか、みてみましょう。

▼日程ごとに意味がある「死後の旅程」と法要の関係

臨終を迎えたとき、**閻魔王**は部下の鬼を遣わし、死者の魂を最初の審判の裁判官・**秦広王**《しんこうおう》のいる官庁に連れて行きます。これは死後七日（**法要**［2章38頁参照］では**初七日**、以下同）の第一の裁きで、殺生の罪について審判されます。

　審判を無事に通過すると、険しい死出の山を越えなくてはなりません。寒さと飢えに苦しみながら山を越えると、此岸（現世）と彼岸（あの世）を分ける境目にあるとされる**三途の川**に出ます。三途の川というのは、「川を渡る方法に三種類あり、善人は金銀七宝で作られた橋を渡り、軽い罪人は浅瀬を渡り、重い罪人は深瀬や難所を渡る」といわれたことから由来しています。その後、すべての人が渡り船に乗って渡河し、その渡し賃は六文と定められました。死者に死に装束を施し、**六文銭**を持たせるのは、このような意味があるのです。なお、三途の川はすぐに渡るのではなく、第二の審判を受けたあと、二七日《ふたなのか》目となっています。

　三途の川のほとりには、**賽の河原**があります。ここは、親に先だって死んでしまった子どもたちが、その親不孝の報いで苦を受ける場です。子どもたちは親の供養のために積み石による塔を作ります。でも、鬼が来て塔を壊し、子どもたちは再び塔をつくる……その繰り返しになってしまうという言い伝えがあります。

再び、審判が始まります。**これから七日ごとに裁判官の裁きが行なわれます**。日本では、死後に何度も**追善供養**を行ないますが、それは十王による裁きに対して、減罪の嘆願をするという意味があるのです。ただし、**浄土真宗**では、信心を得た人は、死後、浄土に往生して自ら仏となると考えられており、死者に対しての追善供養などの読経は意味がないとされています。

第二の審判は、死後十四日目（二七日《ふたなのか》）に、三途の川の入り江のほとりにある官庁にいる**初江王**によって、主に盗みに関しての審理が行なわれます。少しでも改心の見込みがあったり、遺族の回向が行なわれると、次の裁判に回されます。

第三の審判は、死後二十一日目（三七日《みなのか》）、**宋帝王《そうたいおう》**によって、邪《よこし》な性に溺れたものなど、性に関する罪の審理が行なわれます。邪淫の罪を犯しているものは、乳房をちぎられたり、体を縛られたりします。

第四の審判は、死後二十八日目（四七日《よなのか》）、**五官王《ごかんおう》**によって、人の五官（五感の生じる目・耳・鼻・舌・皮膚の感覚器官）が元となる悪行や罪の審理が行なわれます。

第五の審判は、死後三十五日目（五七日《いつなのか》）、いよいよ閻魔の王国に赴き、これまでの裁きの結果をもとに、**閻魔王**は六道（地獄、餓鬼、畜生、修羅、人間、天上、2章33頁参照）のどこに生まれ変わるかの心理を行ないます。

第六の審判は、死後四十二日目（六七日《むなのか》）、**変成王《へんじょうおう》**によって、六道に振り分けられた亡者が、その中でどのような場所に生まれ変わるのかが決定されます。

第七の審判は、いよいよ**中有の期間が終わる死後四十九日目**（**七七日**《なななのか》）、**泰山王**《たいざん》（**太山王**《たいせん》）によって最終審理が行なわれ、どのような姿で生まれ変わるかなどが決定されます。この審理が行なわれたあと、六道とつながる六つの鳥居が示されますが、死者にはわからず、鳥居をくぐってはじめて六道のどことつながっているのかがわかるのです。

これ以降の審判は、**再審として、死者に対する救済措置**ともいえます。つまり、**遺族が供養に努めれば救済される**のです。第八の審判は死後百日目の**百カ日**《ひゃかにち》に**平等**《びょうどう》**王**によって行なわれます。第九の審判は**一周忌**に**都市**《とし》**王**によって行なわれ、これで喪が明けたとされます。最後の第十の審判は、**三回忌**に**五道転輪**《ごどうてんりん》**王**によって、地獄の責め苦の場のすぐそばで行なわれます。

地蔵十王経では、このような冥途の旅が描かれていますが、このような十王による裁きは、本来の仏教にはなかった考えで、道教などの影響を受けていると思われます。そのため、死者は十王に裁かれるのではなく、十仏（十王は、それぞれ相対する十の仏の化身として）のもとで徳を積む修行をするとされる宗派もあります。また、三途の川や賽の河原は、仏教による考え方ではなく、民間信仰が混じって生まれた概念なのです。

人は死んだら、死出の山を越えて、三途の川を渡り、閻魔王など十王の裁きを受けるというのは、**中国の仏教や道教、日本の民間信仰などが混ざり合って生まれたひとつの死後観**ともいえるでしょう。

「他界」の代表「天国」と「地獄」は、どの地域でも同じ？

どの民族にもあるこの物語、どういうバリエーションがあるのか？

天国と地獄といえば、あの世の代表的な世界であり、最高の思いをしたり最悪の目に遭ったりすることを象徴する言葉といってもよいでしょう。

では、天国とは何か、地獄とは何か、さらに宗教によってそれらはどのように違ってとらえられているかを、みてみましょう。

▼天国編

一般的に「天国」とは、生前に善い行ないをした人が往く、天上の理想的な世界とみなされています。日本の古代では、死者が行く世界は「黄泉（よみ）」の国とされ、『古事記』には黄泉国を舞台とした黄泉国訪問神話がありますが、これはいわゆる「天国」という考え方ではありません。「天国」は、輪廻転生を説く仏教の伝来によって日本にも広まったとみられています。

仏教では、死後の冥途の旅を中陰または中有といい、その間に生前の行ないによって十王から裁きを受け、生まれ変わる世界が決まるとされています（15頁参照）。その生まれ変わる六つの世界（六道、33頁参照）の最上に位置するのが「天（天道）」であり、これはいわゆる「天国」といえますが、究極の理想の場所ではありません（詳しくは次の項目を参照）。

キリスト教では、万物は神の御手にあり、神は真理そのものとされ、神の命の交わりに取り入れられることが人の最終的な目的といわれています。その神の愛と至福から成り、神との一致の世界が天国なのです。「死んだら天国に召される」といわれますが、天国で神と結ばれるのが究極的な幸せとされています。

イスラム教では、死は神・アッラーの意向次第で、アッラーのみが最期の日を知っているとされています。やはり最後の審判があり、その人の信仰、とくに礼拝（サラート）をどのように行なったかが問われます。そして、善き信者は天国（ジャンナ）に往きますが、千人にひとりしか、天国には往かれないといわれています。天国は、あの世の快楽と至福の世界であり、百ほどのさまざまな種類や段階があり、どのような待遇を受けるかは、その人の善行次第ということになります。いずれにしても、天国には、流れる川と樹木、ブドウやザクロなどが生えた果樹園、黄金と銀でおおわれた家などがあり、悪酔いすることのない酒や美しい女性がいるとされています。

インドの民族宗教であり、仏教の源流ともなった**ヒンドゥー教**は、信心と業（カルマ、行為の意味）によって来世が決まり、業を超越する段階に達しない限り、永遠に生まれ変わるという輪廻を基本としています。ヒンドゥー教では、神のことを「デーヴァ」といい、デーヴァが住む世界を「デーヴァローカ」と呼び、天界や天上界とされています。なお、「天」という言葉は、サンスクリット語の「デヴァ（deva)」の漢訳です。

▼地獄編

一方、「地獄」は、生前に悪い行ないをしたものの霊魂が往く世界で、厳しい責め苦を受けるといわれています。

仏教では、来世の六つの世界である六道の最下位にあり、罪の重さによって服役する場の地獄が異なります。地獄のなかでも最下層にある「阿鼻地獄（無間地獄）」は、この世の私たちが住む場の地下二万由旬（由旬とは古代インドにおける長さの単位、1由旬は7㎞ほどとみられる）にあり、絶え間なく続く地獄です。その上に、大焦熱地獄、焦熱地獄、大叫喚地獄、叫喚地獄、衆合地獄、黒縄地獄、等活地獄の七つの地獄が重層し、合わせて八大（八熱）地獄があります。この地獄の考えは、浄土思想の定着とともに広まり、日本では平安時代に流行した末法思想から流布したとみられています。

キリスト教では、死後の刑罰の場、霊魂が神の怒りに服する場とされており、旧約聖書や新約聖書には地獄と訳される語彙が記されています。ただ、その語彙などをどのようにとらえるかは教派によって異なり、神から離れて永遠に自分に留まる場や状態を地獄とみなすという見方もあります。

イスラム教では、地獄はアッラー（神）が創造したもので、信仰を怠った不信者は橋から落ちて業火の炎のなかに入り込む、それが地獄（ジハンナム）であり、何層もあり、下にいくほど厳しい場になっています。

また、**北欧神話**にも死者の国が登場します。北欧神話では、世界は九つ、三層に分けられ、第三層に「氷の国・ニヴルヘイム」「死の国・ヘルヘイム」があるとされています。この二つは同じととらえられることもありますが、いずれも九つの世界のもっとも下にある冷たい世界であり、いわゆる地獄とみられています。

天国と極楽は違うの？

仏教の考えでは、実は似て非なるもの

天国、極楽……どちらも至福の世界というイメージがあるのではないでしょうか。

では、天国と極楽は同じ世界なのでしょうか……答えは「否」です。どのように違うのか、みてみましょう。

天国については、前述したように（17頁参照）、仏教では来世の六つの世界（六道）の最上位にある「天」とみられています。この天界は、どこにあるかというと、「須弥山（しゅみせん）」を中心に考えられます。

仏教の世界観（宇宙観）では、宇宙の中心に須弥山という巨大な山がそびえたち、須弥山を中心に太陽、月、星が水平にまわっているとされています。この須弥山の中腹から天界がはじまり、中腹から須弥山の頂上までを「地居天（じごてん、天でも下層なので下天とも呼ばれる）」、須弥山の頂上一帯は「忉利天（とおりてん）」、地居天より高い空中にある天界を「空居天（くうごてん）」といわれます。

天界には、東西南北の四方を守護するといわれる持国天、増長天《ぞうじょう》、広目天《こうもく》、多聞天《たもん》（毘沙門天ともいう）の四天王、その四天王を統率する帝釈天などがいて、天界を守っています。また、天界に住むものを天人といいますが、生前に善い行ないをして天界に生まれたものも天人になります。ただ、仏教では六道のいずれも生きていることは「苦」ととらえられ、**最上位にある天界でも「生老病死」という苦は避けられません。**

▼『阿弥陀経』による解説

一方、「極楽」とは、幸福にみちみちている世界ということでは天国と同じようにみられますが、六道輪廻の世界を脱して、生まれ変わりがなく、地獄に堕ちることもないのです。「極楽」は一般的に阿弥陀仏の極楽浄土のことをさし、『阿弥陀経』に詳しく説かれています。それによると、極楽浄土は「西方十万億土の仏土を過ぎたところ」にあります。仏土とは仏が建立した世界のことで、一仏土は三千世界の大きさ、その十万億倍となると、とても私たちの概念では計り知れません。宇宙レベルで考えて、遠く彼方にあるといえるようです。

極楽世界は、『阿弥陀経』によると五百億もの宮殿や楼閣が建ち並び、樹木には宝石がちりばめられているという絢爛豪華な理想郷として描かれています。人々は、金砂や銀砂が敷き詰められた川や池で船遊びをして、音楽を奏で、いつでも食べたいと思うときに豪華な食器に盛られたご馳走が供されます。まさに、「ごくらく、ごくらく（極楽、極楽）」の世界です。

といっても、極楽浄土に往生した人たちは、遊んで暮らしているわけではなく、阿弥陀仏の説法を聴き、自らも仏となるべく修行に励んでいるのです。その仏道修行に専念できるため、日常のことに煩わされることがないようにという、阿弥陀仏の配慮によって理想郷となったといわれています。つまり、極楽浄土に往生して完結ということでなく、六道輪廻の世界を脱して仏になるためのスタートをきったということなのです。

なお、極楽には、天国のような美しい女性は出てきません。男性、女性といった性を超えた新しい性として存在しています。

宮沢賢治にみる「死んだら星になる」という説

「星」という隠喩が意味するものはなにか?

子どもに死を伝えるとき、「○○は、お星さまになったのよ」と語ることがあります。死の暗喩として「星になる」が使われることがありますが、それは宮沢賢治の「よだかの星」という童話のイメージが影響しているとみられています。

ただ、**そもそも「死んだら星になる」という説は、実は古代エジプトで信じられていた**のです。古代エジプトには、「ピラミッド・テキスト」といわれる死者の埋葬に関するテキストがあります。それによると、「死者が行くのは天の北にある暗黒の部分であった。そこで死者は、決して消えることのない星々、北極星のまわりを回る周極星とともに永遠の命を生きるとされていた」と、エジプト学者の吉村作治氏は著書『ファラオと死者の書』で述べています。

エジプト神話では、天や星の夜空は「ヌゥト」といわれる女神で表象されていました。ヌゥトは、宇宙創造神話のなかで有名なヘリオポリスの九柱神のひとつの神であり、天空を形作る裸の女性の姿で描かれています。ヌゥト女神の身体は太陽の航行する道でもあり、星がちりばめられたところでもあったのです。

なお、時代が移り変わるとともに、太陽に関する神話が創られ、死者が行く暗黒の部分は空の北から冥界にうつり、来世に入る道は西方にあるとされました。

一方、日本では、仏教が伝わる前から、七月十五日の満月の晩に先祖祀りをする習慣がありました。そこに、仏教行事の盂蘭盆が重なり、お盆の行事が行なわれるようになったのです。そもそも日本では、明治六年に太陽暦が導入される前は、太陰暦で新月を起点とする暦でした。牽牛と織女の七夕伝説もあり、古から死者が行くところとして星や月のイメージがあったといってもよいでしょう。

▼自然に支えられ、生かされているという「ちから」

さて、宮沢賢治と死の暗喩としての星の関係についてみてみましょう。

宮沢賢治は、詩人、童話作家として知られますが、三十七歳という短い人生をおくり、生前に出版されたのは詩集『春と修羅』と童話集『イーハトヴ童話　注文の多い料理店』の二冊だけでした。賢治の弟・清六氏の努力によって、『雨ニモマケズ』や『銀河鉄道の夜』など、多くの著作が世の中に出たのです。

では、宮沢賢治は、童話や詩にどのような想いをこめたのでしょうか……「彼は自己の世界観の必然から詩と童話を書いたのである。彼にとって明らかに、動物も植物も山川も人間も同じ永遠の生命をもっているはずであった。その生命の真相を語るのに、どうして、人間世界のみを語る小説という形をとる必要があるだろう」と、梅原猛氏は著書『宮沢賢治研究』で語っています。

また、『宮沢賢治論』の著者・恩田逸夫氏は、賢治にとって「自然」が重要な意味で語られているといい、「賢治は、かれが、〈まことのちから〉と名づけている、このちからにうながされて、作品を書いているのです……このちからがもっとも直接的にあらわれている、〈光や風や雲などのような自然〉にふれることです」と語っています。

賢治は、自然に支えられ、生かされているという「ちから」を感じたとき、宇宙に存在するいのちへの慈愛を想ったのではないでしょうか。

いのちへの慈愛は、『よだかの星』にも現われています。その物語を追ってみましょう。

顔にまだらにみそをつけたようなみにくい鳥「よだか」は、自分が悪い鳥ではないのに、むしろ困っている小鳥を救った善い鳥だと思っているのに、いじめられるので悲しくなっていました。よだかは、つらい気持ちのまま空を飛んでいると、開けている口から小さな羽虫やカブトムシがのどに入りました。

よだかは、自分の恐ろしい姿……自分を殺す鷹と同じように他のいのちを殺し奪っている存在であったことにめざめるのです。ついに、よだかは、お日さまに向かって飛び立ち、お日さまのところへ連れて行ってください、と頼みます。お日さまは、おまえは昼の鳥ではないのだから、星に頼んでごらんと、いいます。そこで、よだかは、よるになって、西のオリオンの星などをめざして「どうか、あなたのところへ連れて行ってください」と叫びますが、どの星も相手にしてくれません。

よだかは、力を落として、地に落ちていきます。でも、足が地面につきそうになったとき、よだかはにわかに空へ飛びあがります。星の輝く空に向かってのぼり、飛び続けたのです。

この物語の最後の一節を、賢治の童話から紹介します。

「自分のからだがいま燐の火のやうな青い美しい光になって、しづかに燃えてゐるのを見ました。すぐとなりは、カシオピア座でした。天の川の青じろいひかりが、すぐうしろになってゐました。そしてよだかの星は燃えつゞけました。いつまでもいつまでも燃えつゞけました。いまでもまだ燃えてゐます」

生きる悲しみを知り、いのちを慈しむよだかは、宇宙のなかの小さな星となって燃え、いつまでも輝き続ける……賢治の童話に込められた想いとともに考えたとき、人や動物、植物……すべての生きものの「生と死」の神髄が、仏教の輪廻転生をはじめとする多様な宗教の他界観を超えて表わされているように思います。

「往生」とは仏の国に往き生まれ変わること

もともとは浄土思想との関連が深い概念

「往生」といえば、困ったり、手詰まりになって立ち行かなくなるといった意味で「往生する」「立ち往生」と使われることがあります。この「立ち往生」は、叡山の僧兵だった弁慶が矢の雨を全身に受けながら立ったまま往生して源義経を死守したという故事「弁慶の立ち往生」に由来しています。立ち行かなくなるという意味は、いわば応用例ですね。

そもそもの仏教用語「往生」の「往」とは、死んだあと仏の国に「往く」こと、「生」とはそこに化生（けしょう）することを意味しています。「化生」とは、生きものの生まれ方をあらわした「四生（ししょう）」のひとつで、みずからの生前の業（ごう、カルマ）によって浄土に生まれることをいいます。

参考までに「四生」とは、人間のように母の胎内から生まれる「胎生」、鳥などのように卵から生まれる「卵生」、虫などのように湿気のなかから生まれる「湿生」、そして「化生」の四つの生まれ方です。

浄土に生まれる、といっても、さまざまな浄土への往生があるとされています。一般的には阿弥陀仏の浄土といわれる極楽へ生まれ変わること、すなわち「極楽往生」をさしており、極楽浄土の蓮華のなかに化生する「蓮華化生」ともいわれています。

このことからもわかるように、**往生は浄土教（浄土思想）とのかかわりが深い**のです。浄土教は、阿弥陀仏の極楽浄土に往生して成仏することを説く教えで、浄土という言葉はインドの初期大乗仏教の「仏国土」がその原義です。そこでは多くの仏についてそれぞれの浄土がありますが、日本では浄土教の流行とともに阿弥陀仏の極楽浄土をさすようになりました。

▼源信・法然・親鸞

その極楽浄土への往生の仕方を具体的に論じた『往生要集』は、日本の浄土観に影響を与えた良源（平安時代初期の人）の弟子のひとりである源信によって九八五年に著されました。源信は、もとは天台宗の僧でしたが、世俗化した叡山から離れて修行した人物で、『往生要集』は浄土教の基礎をつくったともいわれています。

この源信の影響のもと、法然は浄土宗の思想と教義を確立し、その弟子の親鸞が登場します。親鸞思想のすべては往生ということに帰結していくともいわれ、往生を遂げることは「無上涅槃の極果」に至ることであるともいっています。無上涅槃とは、あらゆる煩悩がなくなった仏の境地であり、往生を遂げるとは、仏の境地に至ることです。

往生とは、仏の国に往き、生まれ変わることと述べましたが、たんに仏の国（極楽浄土）に往くだけでなく、迷いのいのちを終えて、仏のいのちを授かって生きることでもあるのです。

生き物の最高の境地「有頂天」

日常的な用語の奥に深い意味が……

「有頂天」という言葉があります。これは仏教の世界観から由来していて、そもそもは**これ以上の喜びはない**といった心理状態を表わしたものです。

仏教では、生き物が住む世界を「欲界（よっかい）」「色界（しきかい）」「無色界（むしきかい）」の三つの世界に分けて考えて「三界」と呼んでいます。神々が住む世界も三界のなかにあり、地球をはじめ月や太陽など宇宙の一部も含まれています。

「**欲界**」は、欲望に満ちた煩悩の強い生き物の世界で「地獄」「餓鬼」「畜生」「修羅」「人」「天」の**六道**で構成されています。さらに、地獄は八つ、人が四つ、天が六つの世界に分かれています。

「**色界**」は、欲界の上にあり、欲望は超越しても「五蘊（ごうん。人間の肉体と精神を五つの集まりに分けて示したものとも、煩悩に伴われた有漏［うろ］ともいわれる）」のうちの色蘊《しきうん》（肉体やすべての物質を意味する）にとらわれた生き物の住む世界で、初禅天《しょぜんてん》、第二禅天、第三禅天、第四禅天の四つの世界で構成されています。

色界の上、最も上の「**無色界**」は、欲望も物質的な色蘊も超越し、精神的な条件のみを有する生き物の住む世界です。無色界も色界と同様に「空無辺天（くうむへんてん）」「識無辺天（しきむへんてん）」「無所有天（むしょうてん）」「非想非非想天（ひそうひひそうてん）」という四つに分けられ、それぞれの領域に対応する瞑想を修めたものが生まれ変わる世界です。

さて、これら**三界・二七天の最高の位置にある「非想非非想天」**は、生き物（有［う］）の最高の境地であることから「**有頂天**」と呼ばれるようになりました。

つまり、有頂天にのぼりつめることから、天にものぼるほど大喜びするという意味の言葉として使われるようになったのです。

前世の因縁である「多生の縁」

生まれ変わりを基礎にした「六道」の物語

「**袖振り合うも多生の縁**」ということわざがあります。それは、知らない人と道ですれ違い、袖が振れ合うようなことも、**前世からの深い因縁**であるという意味があります。

さて、「多生の縁」という言葉ですが、「他生」とも「多少」とも記されることがありますが、正しくは「多生」です。「多生」は、仏教の言葉で、何度も生まれ変わること。仏教には車輪の回転のように生と死を繰り返す「輪廻思想」があり、「六道」という迷いのある世界を輪廻するといわれています。

前の項目でも触れましたが、「**六道**」とは「天道」「人間道」「修羅道」「畜生道」「餓鬼道」「地獄道」のことです。**天道**は、天人が住まう世界で、人間の世界より苦が少ないのですが、煩悩から解き放たれておらず、解脱もできないといわれています。人間道は、まさしく人間が住む世界で、四苦八苦に悩まされますが、唯一、仏教に出会えて解脱し仏になりうる救いがあります。

修羅道は、阿修羅の住む世界で、怒りに我を忘れて戦いを繰り返します。**畜生道**は、牛馬など

▼2章　知ってるようで知らない仏教の儀式や言葉の意味3

畜生の住む世界で、弱肉強食が繰り返され、ほとんど本能で生きて、互いに殺傷し合う世界とされています。

餓鬼道は、腹が膨れた姿の鬼である餓鬼の世界で、嫉妬深さ、欲望の鬼は飢えと渇きに悩まされるといわれます。**地獄道**は、さまざまな苦しみを受け、六道のなかで最も苦しみの多い世界です。

そういう生まれ変わりをふまえて、「多生の縁」とは、前世や過去の生からの深い縁で起こるということを意味しています。なお、「他生」と記されることがあるといいましたが、他生も仏教の言葉で、「今生（こんじょう）」に対する前世と来世を示し、この場合「前世」に限定されてしまいます。

なお、「**縁**」という言葉についてみると、「因縁生（いんねんしょう）」といわれるように、すべての現象や出来事は何一つそれ自体で成り立つものではなく、無数の関係（縁）によって生じていると考えられています。よく「縁起がいい、わるい」といわれますが、そもそも「縁起」とは、ひとりの人間はそれだけで存在するのではなく、あらゆるものとのつながりのなかで存在していることをあらわす言葉なのです。

「葬式」にはどんな意味があるのか？

そもそもの役割から考えてみる

「葬式」は、一般的に「葬儀」ともいわれ、同じものと思われているようですが、厳密にいうと異なった意味があるのです。

葬儀は、「葬送儀礼」を略したもので、宗教儀礼として行なわれてきました。宗教や宗派によっての違いがありますが、仏教では仏の弟子にして浄土に送るという意味をもつ儀式です。つまり、戒名という仏弟子としての名前を授けて戒律を与える儀式「授戒」と、死出の旅路を迷うことなくたどり、極楽浄土へと導く儀式「引導」からなっています。ただし、宗派によっては授戒儀式がないものもあります。

このような葬儀式が中心でしたが、昭和以降、社会的な意味をもつ**告別式**が生まれました。故人をとりまく人々……遺された家族・親族をはじめ、友人や知人、社会的なかかわりの人たちが故人と最後のお別れをする場としての式典が告別式なのです。

このような**葬儀と告別式というふたつの要素が合体されたのが葬式**ということなのです。

いずれにしても、故人を「この世」から「あの世」へ送り、故人を弔うという意味があります。ただ、ひとりの死はまわりの五人に影響を与えるともいわれ、遺された者の立場から考えることも必要です。

ここで、**葬式の意味と役割**を整理してみましょう（7・8章も参照）。

・宗教儀礼としての役割

死者の霊を慰め、この世からあの世へと受け渡す意味があります。

・社会的な意味をもつ儀式

社会的な存在であるその人の死を告知し、故人と遺された人たちの別れの儀式です。

・グリーフケアとしての役割

人の死は、悲しくつらいものです。遺されたもの、とくに遺族の悲しみを慰め、癒す意味があります。

・「生と死」のあり方を学ぶ

死は、誰にでも訪れるものです。人の死という場に立会い、故人に思いをよせるとともに、自らの生と死を問う機会にもなります。

・物理的な意味

遺体は、死の瞬間から傷んできます。荼毘にふすという物理的な意味があります。

さて、死者を葬るという行為は、約四万年前のネアンデルタール人の時代から行なわれていたとみられています。**人類の歴史のはじまりから、人の死の儀式があった**のです。

日本での葬儀の歴史をみると、もともとは地域の相互扶助によって営まれ、それぞれの地域のなかで葬式組といわれる当番が受け持っていました。ところが、時代とともに葬儀の手配からすべてを行なう葬儀社が現われ、戦後、昭和三十一（一九五六）年には日本最大の葬祭事業者の組織「全日本葬祭業協同組合連合会（全葬連）」の第一回大会が開催されました。その後、ビジネスとして葬式を効率よく進めるシステムが築かれていきました。

近年、葬儀のかたちや意味が変わりはじめています。家族や親しい人たちだけで見送ってほしい、費用をかけないでほしい、などというニーズが高まり、親しい身内までの少人数で行なう小さな葬儀「家族葬」や、会葬者を呼んで通夜や告別式を行なわず、遺体を火葬場に搬送して火葬だけで故人を見送る「直葬（火葬式）」も増えています。

どのようなかたちであっても、**故人を弔い、この世からあの世へ送る**という本来の葬儀の意味、そして遺されたもののためという機能を忘れないことが大事です。

法要は、死者の霊を供養し成仏させる

忌日法要、年忌法要に込められている物語

「法要」という言葉より、私たちには「法事を行なう」というほうが馴染みがあります。**法要とは故人を偲び、追善供養する**という意味の仏教用語で、その追善供養のためにお経をあげてもらうことと後の会食までを含めた行事を**法事**というのです。

法要は、故人があの世でよい報いを受けてもらうために、遺されたものが供養をする、また故人とのつながりを思う大事な場でもあります。

仏教では、この法要を行なう日が次のように決まっており、死後七日ごとに来世の行き先が決まる重要な日「四十九日」まで行なう「忌日（きび）法要」と、それ以降の「年忌（ねんき）法要」があります。

以下、具体的にみてみましょう。

◆忌日法要に込められている物語

死後七日目の「初七日」、十四日目の「二七日（ふたなのか）」、二十一日目の「三七日（みなのか）」、二十八日目の「四七日（よなのか）」、三十五日目の「五七日（いつなのか）」、四十二日目の「六七日（むなのか）」、四十九日目の「七七日（なななのか）」、「百カ日（ひゃっかにち）」があります。

初七日は、近年は火葬場から帰ってきた遺骨を迎える「還骨勤行」と合わせて、葬儀当時に行なうケースも増えています。

仏教の多くの宗派では、**死後四十九日までは故人がこの世とあの世をさまよっている**とされ、この時期を「中陰（中有）」と呼んでいます。その間、死者は七日ごとに閻魔大王などの十王から、生前の行ないに対して裁きを受け、四十九日に来世での行き先が決まるとされています。そこで、**遺された家族は故人の成仏を願い、極楽浄土に往かれるようにと追善（故人に善を送る）供養を営む**のです（15～16頁参照）。

四十九日目の七七日は、忌み明け法要を行ない、この日に納骨埋葬するのが一般的です。

◆年忌法要に込められた物語

命日から満一年目が「一周忌」、満二年目が「三回忌」、命日から六年目が「七回忌」、命日から十二年目が「十三回忌」、以下、「十七回忌」「二十三回忌」「二十七回忌」「三十三回忌」「三十七回忌」「四十三回忌」「四十七回忌」「五十回忌」「百回忌」と続きます。

この年忌法要の背景には、「十王信仰」「十三仏信仰」が潜んでいます。百カ日と一周忌、三回忌の三つの法要は、**中国の儒教の祭祀の影響**によって加えられたのです。中国で生まれた信仰が中国仏教に取り入れられて、日本にも伝わったということです。

また、七回忌以降の法要は日本独自に加わったのですが、なかでも七回忌、十三回忌、三十三回忌を加えた十三回の法要から江戸時代には「十三仏信仰」が生まれたのです。そういうこともふまえて、一般に三回忌、七回忌、十三回忌、三十三回忌が重要視され、他の年忌法要を行なわないことも多いようです。

通常は、三十三回忌、または五十回忌をもって「弔い上げ」として、締めくくりとされています。

仏教の年中行事

知っているとただの儀式がちがってみえる知識

仏教では、年間を通してさまざまな行事が行なわれます。年のはじめから順を追ってみてみましょう。

一月一日から七日頃には、「**修正会**（しゅうしょうえ）」といわれるお正月の法要があります。前の年の罪禍を悔い改め、新しい門出を祝う行事です。

二月十五日は、仏教の開祖・釈迦が亡くなった聖日で、「**涅槃会**（ねはんえ）」という行事があります。「涅槃」とは、煩悩の火を打ち消して悟りの智慧を得たという意味があります。釈迦は、八十歳でインドのクラシナガラ城外の沙羅双樹のもとで亡くなりましたが、最期まで弟子や衆生のための教えを説いて涅槃に入りました。その死を単なる死とせず、永遠の真理である悟りの世界に帰されたとして、釈迦の徳を偲ぶようになったのです。

春三月と秋九月には、「**彼岸会**（ひがんえ）」があります。「彼岸」とは、この世を離れた彼の岸、つまり仏の世界の岸を意味します。『涅槃経』には「大衆が煩悩に心をとらわれて生死の海をさまようことを此岸とし、その海を越えてさとりの岸に達することを到彼岸（とうひがん）という」という旨の言葉が記してありますが、迷いの現実界から悟りの世界へ到るというのが本来の意味です。春分や秋分の中日は、太陽が真東からのぼり、真西に沈みます。真西に太陽が沈むところが極楽浄土といわれることから、彼岸を思い、故人を偲んで供養します。

春たけなわの四月八日は**「灌仏会**（かんぶつえ、花まつり）」、釈迦の誕生日を祝う聖日です。釈迦が誕生したとき、甘露の雨が降ったといわれることから、誕生仏を草花で飾った花御堂に安置し、甘茶を灌《そそ》ぎかけることから「灌仏会」といわれています。

七月から八月にかけては、**「盂蘭盆会**（うらぼんえ）」という行事があります。一般に「お盆」といわれ、ご先祖さまが戻ってくる、ともいわれています。「盂蘭盆」は、梵語のウランバナが語源とも、古代イラン語の「ウルヴァン（霊魂の意味）」が語源ともいわれています。「お釈迦さまの弟子の目連の母が死んで餓鬼道に落ちて苦しんでいる。目連は自分の力ではどうしても救うことができず、お釈迦さまの教えによって、七月十五日に僧侶たちに食物を施し、供養することによって救い出した」ということに由来し、七月十五日前後をお盆としていますが、地方によっては月おくれといって八月十三日から十六日に行なうところもあります。

この**「お盆」は、仏教の行事であるとともに、日本の民俗行事という要素**もあります。成仏したはずの魂がこの世に戻ってくるという考え方は、もともとの仏教の教えにはなく、「先祖の霊を迎え、送る」という日本古来の考え方が入っているといってよいでしょう（1-①参照）。そのようにみると、お盆は、仏教文化と民族文化の習合といえるかもしれません。

一年の最後の十二月八日には「**成道会**（じょうどうえ）」があります。「成道」とは、釈迦の悟りを意味していますが、それは釈迦が苦行を重ねて三十五歳の十二月八日、ついに正覚（さとり）を得られた、ということからきています。

3章　日本仏教・宗派別「死後のストーリー」1

そもそも日本仏教とは……

仏教伝来から戦後の仏教、オウム真理教まで

仏教は、紀元前五世紀頃、インドにて釈迦によって誕生したこと、その当初の仏教の教えや他界観については前章（1章2・3・4参照）で述べましたが、その後、中国や朝鮮半島に伝播し、日本には五三八年十月十三日に百済（現・韓国）から伝わったとされています。

奈良時代に「南都六宗」といわれる宗派が誕生し、平安・鎌倉時代で多くの宗派が生まれて、日本の仏教は十三宗五十六派あるといわれてきました。ただし、分派独立したり再編も行なわれ、正確な数は把握されていませんが、伝統仏教の十三宗の系譜は現代に引き継がれています。

どのように日本仏教は推移してきたのか、みてみましょう。

▼仏教の伝来

飛鳥時代、宣化天皇三年の五三八年、百済より仏教が伝えられました。当時、百済は中国王朝の傘下にあり、中国からは仏像や経典等が送られました。日本が仏教を採り入れた背景には、中

国の侵略を恐れて、仏教を採り入れ開国し、友好関係を結んだほうがよい、という政治的な判断もあったといわれます。

聖徳太子は、敬虔な仏教徒となり、法隆寺を建立して仏教を国教とする「三宝興隆」の詔勅を発しました。

▼奈良時代、南都六宗の誕生

東大寺を総国分寺とする国分寺制度が発布されて、各地方に国分寺が建てられました。国家の平和を祈るため（鎮護国家）、国家の資力で東大寺の大仏が建立され、僧尼の統制を定めた僧尼令が導入されて官僚組織の一員とされました。

奈良の都では仏教の教学研究が盛んとなり、「南都六宗」といわれる学派が生まれました。南都六宗とは、**三論宗**（さんろんしゅう、のちに空海を輩出）、**法相宗**（ほっそうしゅう）、**成実宗**（じょうじつしゅう、のちに三論宗に併合される）、**倶舎宗**（くしゃしゅう、法相宗に併合される）、**華厳宗**（けごんしゅう、のちに最澄を輩出）、**律宗**（りっしゅう、鑑真によって伝えられる）です。

なお、南都六宗は、それぞれ独自の寺院をもっていたわけではなく、奈良の大寺院で学僧が学んだということであり、これらの学派からいまに継承されているのは華厳宗、律宗、法相宗です。

▼平安時代、仏教宗派の誕生と末法思想

桓武天皇は、政治にも口を出すようになった奈良仏教勢力に対抗するため、空海と最澄を遣唐使とともに中国（唐）に送って密教を学ばせました。帰国後、空海と最澄はみずからを開祖とする新仏教宗派を旗揚げし、本格的な仏教宗派——**天台宗（最澄）**、**真言宗（空海）**が誕生します。

仏教には、釈迦の入滅後、年代が経つにつれて正しい教法が衰滅し、修行も悟りも得られなくなるという「末法」の思想があり、日本では平安時代の中期（釈迦入滅後の二千年後にあたる）より末法の時代に入ると考えられていました。当時、社会は治安の乱れも激しく、民衆の不安が増大し、厭世的な思想が広まったのです。そういう状況のなか、阿弥陀仏の西方極楽浄土への往生をめざす「浄土信仰」が流行し、**源信**は『往生要集』を著して念仏思想の基盤をつくったといわれます。

▼鎌倉時代、有力な六宗派の誕生と大衆仏教への移り変わり

鎌倉時代は、日本史上で仏教が最も栄えた時代といわれます。まず政権の流れから、貴族から武士へと移り変わるとともに、経済・社会的にも商工に従事する都市民が現われてきました。そうした新しい時代の気運にともなって、国家管理のもとにあった仏教は民の救済をめざした大衆仏教へと変わりつつありました。

平安時代の末法思想の流行のなかで源信は浄土教を説きましたが、その流れから**「浄土宗（法然）」「浄土真宗（親鸞）」「時宗（一遍）」**が誕生しました。

日本に初めて伝えられた禅宗からは**「臨済宗（栄西）」「曹洞宗（道元）」**が誕生しました。また『法華経』を最高の経典とする**「日蓮宗（日蓮）」**が誕生しました。

これら六宗派は現在まで続く、日本仏教の代表的な宗派です。

▼混乱した社会のなかでの仏教

南北朝時代から室町時代は、政治的な中心地は京都に移り、京都五山が成立、武士に人気のあった禅宗の五山が定められ、臨済宗は室町幕府に保護されました。京都の金閣寺、銀閣寺は臨済宗の寺院であり、臨済宗の繁栄を物語っています。

浄土真宗は、室町時代には蓮如が現われて発展し地方の農民の間に広まり、町民の間には日蓮宗が浸透していきました。

▼江戸時代、封建社会のなかに組み入れられていく仏教

戦国時代から安土桃山時代、織田信長や豊臣秀吉に弾圧を受けた仏教大寺院は弱体化し、江戸時代になると完全に封建社会の機構に組み入れられるようになりました。江戸幕府は、寺院の軍事力を弱めるため「寺院諸法度」を発布し、本寺末寺の関係や寺格の区別、僧侶の階級などがす

べて幕府の統制と保護のもとに置かれました。

また、キリシタン禁制を徹底するために民に寺請を強制し、すべての民は仏教徒となっていずれかの寺に所属する（檀家）とされ、仏教は国教とされたのです。

一六五四年、中国（明）の隠元が来朝して黄檗（おうばく）宗を立て布教を行ないましたが、社会的な大きな運動にはなりませんでした。

▼明治時代から昭和にかけての仏教

明治元（一八六八）年、王政復古と祭政一致の理想を実現するために、神道国教化の方針を採り、それまでの神仏習合の慣習を禁止、神道と仏教、神社と寺院を区別する「神仏分離令」が出されました。そして、神社の勢いが増す一方で、寺院や仏像の破壊・焼却など、「廃仏毀釈」の運動が起こりました。

仏教教団のなかには旧弊を反省する人物も現われ、やがて新しい時代に対応するために、教団制度の改革や積極的な布教などが行なわれるようになりました。

大正・昭和初期になるとキリスト教や新興宗教も登場し、教会も建てられました。一九三九（昭和十四）年には、宗教団体法が制定され、宗教団体は初めて法人となり、キリスト教も法的地位を得ました。ただし、宗教団体の設立には文部大臣または地方長官の認可が必要であり、文部大臣は監督や認可の取り消しなどの権限を持っていました。

▼戦後の宗教をとりまく情勢

戦後、GHQ（日本で占領政策を実施した連合国軍総司令部）から、治安維持法などとともに宗教団体法の廃止を命じられ、日本政府は勅令によってこれを廃止しました。一九四五（昭和二十）年十二月二十八日には宗教法人令が制定・施行されて、それまでの認可制は届け出制に変わり、自由に設立できるようになりました。

当初から決まっていたことですが、サンフランシスコ講和条約の発効により、一九五一年に宗教法人令が廃止。代わって、信教の自由を尊重する目的で宗教団体に法人格を与えることに関する法律として宗教法人法が制定されました。

一九八九年頃からオウム真理教にみられるように、社会問題を起こすとみられる新興宗教が宗教法人の資格を得ることの是非が取り沙汰され、一九九五（平成七）年には、宗教法人法が一部改正されました。

日本仏教・十三の宗派

「死後のストーリー」の前提としてその教えと特徴を簡潔にまとめてみよう

宗教法人法の制定によって、宗派の設立は認可制から認証制に変わり、分派独立や統合なども含めて、仏教教団は多様になりました。『宗教年鑑』（文化庁、平成二十四年度版）によると、二〇一一（平成二十三）年十二月三十一日現在、認証を受けて宗教法人になっているのは十八万一八五五法人、仏教系は七万七四二二法人、仏教の信者は八四七〇万八三〇九人となっています。伝統的な仏教宗派は一般的に「十三宗五十六派」といわれています。ここでは、十三宗について宗祖やその教えなどについてみてみましょう。

1　華厳宗

奈良時代に南都六宗のひとつとして誕生。宗祖は審祥（しんしょう）、本山は東大寺（奈良）、本尊は盧舎那仏。

教えは、『華厳経（一世紀頃、中央アジアで編纂されたお経）』で説く大方広仏《だいほうこうぶつ》（時間と空間を超えた仏）を重視し、あらゆるものは縁によって起き、宇宙の万物は無限に関係し合い、持ちつ持たれつ存在しているとみなされています。

2 律宗

奈良時代に南都六宗のひとつとして誕生。宗祖は鑑真、本山は唐招提寺（奈良）、本尊は盧舎那仏。

教えは、仏教経典の集大成「三蔵（経蔵、律蔵、論蔵）」のなかで律蔵を重視します。律蔵とは仏の道を実践するために守るべき戒律の記録で、戒律を守って悟りに至るためには、「身（行動）」「口（表現）」「意（精神）」のすべてに正しく実践することといわれています。

3 法相宗

奈良時代に南都六宗のひとつとして誕生。宗祖は道昭、本山は興福寺・薬師寺（奈良）、本尊は特に決まりはなく、薬師如来や唯識曼荼羅（ゆいしきまんだら）ともいわれています。

教えは、大乗仏教で説く「唯識論」を重視し、すべての存在は「識（認識）」によって感知されると説きます。その認識は心のなかにある「六識（眼、耳、鼻、舌、身、意）」と「二識（無意識のなかに潜む末那識［まなしき］と阿頼耶識［あらやしき］）」からなり、それらを修行によって自覚して悟りに至ることをすすめています。

4　天台宗⇓「死後のストーリー」は62ページ

平安時代に密教系として誕生。宗祖は最澄、本山は比叡山延暦寺（滋賀・大津）、本尊は「法華経」で説く「久遠実成の釈迦牟尼仏（釈迦のこと、以下同）」とされ、その象徴は薬師如来や観音菩薩などといわれています。

最澄は、中国天台宗の教えだけでなく、禅や密教、戒律も含めた四宗を相承し、これらをまとめた日本天台宗を立ち上げました。その説くところは、「すべての人々は仏陀になることができる」であり、誰もが一つの乗り物に乗って成仏できるという「一乗説」をとっています。これは、奈良時代に、仏教には三種の乗り物があり、菩薩の乗り物に乗った人は成仏できるけれど、修行を始めたばかりの人は成仏できないという「三乗説」に対して述べられたものです。

5　真言宗⇓「死後のストーリー」は65ページ

平安時代に密教系として誕生。宗祖は空海（弘法大師）、本山は金剛峯寺（高野山真言宗）の他、長谷寺（豊山派）、醍醐寺（醍醐派）、智積院（智山派）など、本尊は大日如来。

言葉では言い尽くせない真理があるが、密教に基づき、修行によって真実の仏であり宇宙の真理そのものである大日如来の教えを体得すれば、大日如来（仏）と一体になれるという「即身成仏」を説いています。

6　浄土宗⇓「死後のストーリー」は66ページ

鎌倉時代、浄土系として誕生。宗祖は法然、総本山は知恩院、その他、増上寺（東京）、金戒光明寺などの七大本山、本尊は阿弥陀如来、右に観音菩薩、左に勢至菩薩を安置して「阿弥陀三尊」と呼ぶこともあります。

法然が存在した平安末期から鎌倉時代は、末法思想が流行し、民は相次ぐ戦乱と天変地異に苦しみ、不安に覆われていました。法然は、そういう民が救われる仏教として称名念仏の易行（易しくできる行）を唱えました。つまり一心不乱に「南無阿弥陀仏」という阿弥陀仏の名を称えることによって救われると説きました。

7　融通念仏宗

鎌倉時代、浄土系として誕生。宗祖は良忍、総本山は大念仏寺（大阪市）、本尊は十一尊天得如来の画像（阿弥陀如来を十体の菩薩が取り囲んでいる絵、天や地獄、人間等の十界が阿弥陀仏の一念に融合するという意味がある）。

一人の念仏が万人の念仏となり、万人の念仏が一人の念仏に集約される、つまり一人の念仏と万人の念仏が融通（共有）し合って往生浄土を可能にすると説きました。

8　時宗

鎌倉時代、浄土系として誕生。宗祖は一遍、総本山は清浄光寺（神奈川、俗に遊行寺）、本尊は阿弥陀仏。

教えは、「南無阿弥陀仏」の名号そのものに力があるとして、ひたすら名号を称えれば救われると説き、鎌倉時代の民衆の間に念仏を流行させました。また、民の苦しみを踊る念仏によって発散させれば仏と一体になれるとして、「踊り念仏」を広めました。

9　浄土真宗⇓「死後のストーリー」は67ページ

鎌倉時代、浄土系として誕生。宗祖は親鸞、本山は真宗十派といわれる分派があり、代表的なものは真宗大谷派の東本願寺（京都）、浄土真宗本願寺派の西本願寺（京都）、本尊は阿弥陀如来。

親鸞は法然の弟子として、師の教えを真実の教えであると徹底させましたが、念仏の行よりも信心を大事にしました。念仏の行ないも信心も、ともに仏の側から与えられた、他力のはからいであり、報恩感謝の念が「南無阿弥陀仏」という念仏にほかならないと説きました。

10　臨済宗⇓「死後のストーリー」は69ページ

鎌倉時代、禅宗系として誕生。宗祖は栄西、本山は、十四派がそれぞれもち、京都では南禅寺、建仁寺、鎌倉では建長寺、円覚寺など。本尊は特定のものはなく、釈迦牟尼仏、薬師如来、大日如来、観世音菩薩など。

禅宗の一派で、座禅を悟りの手段としますが、「公案（悟りに導くための禅者の公認言行録で一七〇〇則あるといわれる）」を与えて、思索させるのが特色です。

11 黄檗宗（おうばくしゅう）

江戸時代に誕生、宗祖は隠元、本山は万福寺（京都）、本尊は釈迦牟尼仏、薬師如来、地蔵菩薩など。

隠元は中国・明で臨済禅の道場であった中国の黄檗山万福寺の禅僧でした。六十三歳にして日本に来日し、日本の臨済宗とは異なったため一宗をたて、念仏も修行することから念仏禅といわれます。

12 曹洞宗⇓

「死後のストーリー」は70ページ

鎌倉時代、禅宗系として誕生。宗祖は道元、本山は永平寺（福井）、総持寺（神奈川）、本尊は釈迦牟尼仏（礼拝の対象というより悟りの先達として）。

禅宗の一派で、臨済宗との違いは、座禅の仕方にあり、曹洞宗では何も考えずに、悟りすら求めずにひたすら座禅することをすすめます。

13　日蓮宗⇓「死後のストーリー」は71ページ

鎌倉時代、法華系として誕生。宗祖は日蓮、総本山は久遠寺（山梨県見延山）、その他本山として本門寺（東京・池上）など、本尊は天台宗と同じ釈迦牟尼仏。

日蓮は、十二歳で天台宗の寺に入って出家し、天台宗から出発しています。『法華経』を釈迦の説く最高の経典とし、末法の時代に民を救うのは浄土教ではない、『法華経』の「南無妙法蓮華経」のお題目を唱えることでこの世は救われると唱えました。「南無」は「帰依します」の意味で、「妙法蓮華経」は法華経のフルネーム、つまり「私は法華経に帰依します」と唱えることです。

釈迦の説と現代日本仏教の考え

本題に入る前に、寺離れの進む状況と「死後の世界」の関係

そもそも仏教は、死後の世界をどのようにとらえているのでしょうか。その前提として、仏教には車輪の回転のように生と死を繰り返す「**輪廻思想**」があり、「**六道**」（33頁参照）という迷いのある世界を輪廻するといわれています。この六道輪廻の世界を脱する方法として、さまざまな宗派のさまざまな考え方があるといっていいでしょう。

しかし、そもそも仏教の開祖の釈迦は、輪廻説を前提とせず、「死後の世界」について何も語らなかった、という説もあります。

▼釈迦は「死後の世界」について何も語らなかった？

このことを裏付けるものとして、初期の仏教経典「**阿含経**《あごん》」に収められた釈迦の説法のひとつ「**毒矢のたとえ**」があります。

釈迦の弟子が「死後の世界はあるのでしょうか、ないのでしょうか」と尋ねると、釈迦は、こ

う答えました。

「毒を塗った矢が飛んできて、身体に刺さったとしよう。そのとき、この矢はどこから飛んできたのか、この毒の種類は何だろうか、誰によって射られたのか……と考える前に、まずやることがある。それはすぐに矢を抜くことだ」

つまり、**あの世があるかないか、霊があるかないか、考えるより、大事なことは、この世で悩み苦しむことを解決することであり、そのために修行しなさい**、と釈迦は語ったといわれているのです。

こういうことからも、仏教研究者のなかには、インド古代から信じられていた輪廻の思想を釈迦は直接的に否定せず、方便として是認したとみる説もあります（135・136頁参照）。

輪廻の思想はインドのヒンドゥー教の前身であるバラモン教において萌芽がみられ、仏教においても教義の前提となっています。さらに釈迦の入滅後、上座部仏教（保守派であり、小乗仏教ともいわれる）と大乗仏教に大きく分かれますが、**大乗仏教**でより一層発展し、自らの意思で転生先を支配できる縁覚・声聞・菩薩・如来としての境遇を想定して六道と合わせて十界を立てました。日本仏教は、大乗仏教の流れにあり、さらに日本古来の先祖信仰と融合されて日本人の死生観や「あの世」が培われたといってよいでしょう。

▼死後の世界について語らなくなった日本の仏教

さて、日本では一九七〇年代以降、それまでとはちがったかたちで「死」がクローズアップされ、死後の世界に関してもブームといえる現象が起きています。たとえば、一九七〇年代は、死にゆくものの心理プロセス（五段階説、175頁参照）を説いた**キューブラー・ロス**の『死ぬ瞬間』、臨死体験について著した『かいまみた死後の世界』（レイモンド・ムーディー）が刊行され、ホスピス運動が日本に導入されるなど、黎明期といってもよいでしょう。その後、神秘主義やスピリチュアリズム、臨死体験、超常現象など、何度かにわたるブームがありました（「死と死後の世界をとりまく社会現象」、207頁参照）。

そういうなかで、**仏教界は、死後の世界について語らなくなった**という声があります。一九九七年、浄土宗の宗務総長の寺内大吉氏は「私の中の教養みたいなものが、死後の世界はないと思わせる」と語って物議を醸したといわれています（『朝日新聞』一九九七年六月二十一日）。六道輪廻を説く仏教の教団が「あの世」を語らないといわれる背景には、近代の科学の発展のなかで証明できない他界について語れなくなったこと、寺院や葬儀のあり方の変化もその要因になっています。

日本では、八四七〇万八三〇九人が仏教徒であり（『宗教年鑑』平成二十四年版）、葬儀の多くも仏式で行なわれていますが、敬虔な仏教の信者は少ないというのが実情です。「寺離れ」が進み、檀家制度はくずれつつあるといってよいでしょう。

それゆえ、寺院は今後のあり方を模索しつつ、死者の弔いだけでなく、生者の視点からの活動を行なう動きもあります。たとえば、近年、クローズアップされているグリーフケア（死別悲嘆へのケア）、がん患者さんや**死にゆくものへのケア**などに取り組む寺院もみられます。

そもそも、「仏教は本来現世の悟りを求めるものであり、来世論は方便にすぎず、それに基づく葬式仏教は本来の仏教を歪めるもの」と、仏教界でもとらえられるようになったという説もあります（『浄土思想論』末木文美士、春秋社、二〇一三）。

一方で、「外圧に押される形で、伝統仏教界において『死後の世界』は微々たる歩みであっても復権しつつある」という見方があります（宗教情報センターの研究員レポート「伝統仏教界の『死後の世界』に関する動向」）。

同レポートによると、二〇〇七年頃の**「千の風になって」のブームは、伝統仏教界に危機感**を煽り、「千の風になって」の歌詞に共感する人々の死後の世界観に対して、批判する側と歓迎する側に分かれたが、双方とも伝統仏教の死後の世界観を説こうとした、というのです。

「千の風になって」とは、アメリカで話題となった詩を作家であり作詞・作曲家である新井満氏が日本語に訳して自ら曲をつけた歌で、声楽家の秋川雅史氏によって歌われてブームを呼びました。歌詞の内容は「私のお墓の前で泣かないで……そこに私はいない……千の風になって、あの大きな空を吹きわたっている」と、死者が遺されたものに語りかけるものです。

浄土真宗では、「千の風になって」の歌詞が宗祖・親鸞が重視した「還相回向《げんそうえこう》（死者が浄土に往生して仏となり、この世に戻ってきて人々を救う利他の働きをすること）」に通じると肯定する傾向があり、同宗派の僧侶は「千の風になって」に真宗らしい訳をつけた法話を作成し、『千の風―大切な人を失ったあなたへ―』（西脇顕真、本願寺出版社、二〇〇六）を刊行し、販売部数は十万部にも及んだと、同レポートで述べられています。

時代の移り変わりとともに、日本仏教の教団における死生観や他界観は揺れ動いているようです。

宗派別「死後の世界」の説明に耳を傾けてみよう

最新の考え方と宗派別葬儀の特色も

代表的な宗派では、死後の世界について、どのようにみているのでしょうか。

先に紹介した宗教情報センターの研究員レポートとして、「現代の伝統仏教の『死後の世界』観（続もあり）」が二回にわたって報告されています（二〇一四年十月十八日）。宗派の檀信徒向けの資料や葬祭にかかわる出版物など原典を引用しての客観的なレポートであり、ここでも参考にさせていただき、各宗派の公式サイトと合わせて、みていくことにします。

また、各宗派の葬儀の意義や特色についても紹介します。

▼天台宗

天台宗の特色は、**四宗融合**――円（法華円教）、密（真言密教）、禅（達磨禅法）、戒（大乗菩薩戒）の**四宗を融合し、仏教のすべての教えと修行を網羅**していることです。それゆえ、天台宗の儀礼には、顕教法要（顕教とは、「顕かな教え」で仏が衆生に応じて言葉等を用いて説いたもの）

と、密教法要（仏と自己が一体であることを観念し、仏の境地に達しようとする修法）、顕密併用の法要と三様があり、多様な作法や次第があります。いずれにしても、崇拝の対象となる仏への供養、仏性をもつ自身の心の悟りが重視されます。

さて、天台宗の公式サイトでは、「葬儀と供養について」とし、次のように記しています。

・通夜について

通夜の儀式は、新霊の浄土への引入を祈ることが中心となります。多くは阿弥陀如来のお迎えを頂戴するお経が唱えられます（来迎佛《らいごうぶつ》）。

・葬儀について

天台の教えでは**衆生は全て仏性を持っており、必ず仏になることができます**。そのためには、仏様と縁を結ぶことが大切になります。そのために葬儀にあたり先ず**心身ともに仏の弟子に**なっていただく儀式を行ないます。その後、仏弟子としてこの世（娑婆世）を離れ、**仏の国（浄土）**へ向かうことになります。

（葬儀の手順として）

①**身体を清浄にする**

水や香りで清める、剃髪等。

②**心を清浄にする**

懺悔の文を唱える。

③戒を授かる（三帰授戒）

三つの戒め。第一は帰依仏、仏を信じること。第二は帰依法、仏の教えを信じること。第三は帰依僧、教えに従いそれをよりどころにして暮らすこと。この三つを仏に誓うことで成仏の縁を受ける。

④戒名

仏の弟子としての名前とし、戒名もしくは法名をいただく。

⑤引導・下炬（あこ）

旅立ちの準備が整って、いよいよこの世とお別れとなり、すべての執着心を絶って浄土に向かう。最後に、もう一度仏の教えにより、必ず成仏することを旅立ちの餞として言い渡すのが引導。次に、霊棺に松明で火を付ける下炬の儀式を行なう（実際に点火するわけでなく、釈尊の最後に倣って火葬の儀式をする）。

⑥念仏

最後に、新霊の往生（浄土に生まれなおす）をお迎えの阿弥陀如来にお願いし、十返のお念仏が唱えられて葬儀は終了（十念）。

このように、公式サイトでは死後の世界を肯定し、人は死ぬと仏の国（浄土）に行くことができるとしています。

▼真言宗

さまざまな宗派があり、主な宗派だけでも十八あるといわれています。そのなかで、**智山派・総本山智積院**の公式サイトでは、「葬儀とは何か」について次のように答えています。

「真言宗の葬儀の要点は、**故人を大日如来の曼荼羅世界に引き入れて、仏弟子にすること**にあります。この作法を『**引導**』といい、真言宗で師から弟子に法を授ける時に行われる**灌頂**（かんじょう）という儀式をもとにしています。故人は導師から戒や真言宗の奥義を授かり、**戒名**を授けられて仏弟子となり、仏さまの世界＝密厳浄土（みつごんじょうど）へと導かれていくのです」

宗祖の弘法大師（空海）の『大日経開題』には「釈迦牟尼如来は神通の車に乗って引導し、大日世尊は本覚の蓮を開いて、即心自仏の果を証せしめん」とあり、本来人の心に備わっている悟りの花を開かせ、自ら仏となることを導くことが引導であり、**真言宗の葬儀では故人を即身成仏させるための引導作法**が中心になっています。

成仏のために必要な三密（行者の身・口・意と仏の身・口・意とを一体不二とする修行のこと）の妙行を与えるところに特徴があり、**仏・法・僧の三宝に自らの身心を投入して一体となるという境地**に導くことが他の宗派と異なるところです。ただし、各流派や寺院、地域によって違いがあります。

いずれにしても、「即身成仏」を説く真言宗では、本尊の大日如来のいる密厳浄土へ往って仏となる、つまり死後の世界を肯定していることになります。

▼浄土宗

浄土宗には、付属の研究機関である**浄土宗総合研究所**があります。同研究所では霊魂観を含めた葬祭について検討し、一九九七年に『葬祭仏教』という研究報告書を刊行、当時は教義では霊魂については否定するも、習俗では容認として見解が分かれました。その後、二〇一〇年には『浄土宗の葬儀と年回法要について』という冊子を宗内寺院に配付して「**死後の行き先は極楽浄土で、葬儀は阿弥陀仏の迎えを仰いで死者を極楽浄土に送るための儀式である**」と、統一見解を示しました（同レポートより）。

たしかに、浄土宗の公式サイトでは、「極楽浄土とは何」として、「阿弥陀仏が仏になる前の法蔵菩薩の時に『命ある者すべてを救いたい』と願って48の本願をたて、その願いが成就されて築かれた世界です。すなわち、阿弥陀仏が人々を救うためにお建てになった世界。どんな人々であろうとも、念仏を唱えるならば、命終ののちに生まれる［行きつく］ことができる永遠のやすらぎの世界。けがれや迷いが一切ない、真・善・美の極まった世界ですが、単に楽の極まった世界と考えてはいけません。われわれは浄土において、仏になるために菩薩行をつみ、やがて仏になることができるのです。……」とあります。

浄土宗は、前項の「日本仏教の宗派」で述べたように、宗祖は**法然**であり、その教えは、ひと言でいうと「**専修念仏**」、つまりひたすら念仏のみを唱えることです。念仏を唱える者同士は、極楽浄土での再会が約束されているともいわれています。

葬儀では、故人を仏の世界へと導く引導の儀式「下炬（あこ）」では、二本の松明のうち、一本を「厭離穢土（えんりえど、この世をいとい離れること）」に、もう一本を「欣求浄土（ごんぐじょうど、浄土を求める）」に見立て、穢土の松明を捨て、もう一本の松明で故人の極楽浄土への往生を願います。

▼浄土真宗

浄土真宗本願寺派の築地本願寺および西本願寺のサイトには、教義として次のように記されています。

「阿弥陀如来の本願力によって信心をめぐまれ、念仏を申す人生を歩み、この世の縁が尽きるとき、浄土に生まれて仏となり、迷いの世に還って人々を教化する」

これは、**阿弥陀仏の本願を信じ念仏するものは、阿弥陀仏の浄土に往生して仏となり、再び迷いの世界に還ってきて、他の衆生を救うはたらきにでる**「**還相回向**」（げんそうえこう）を述べています。

このように死後の世界について明確に示していますが、**葬儀に関しては他宗と異なる特徴**があります。まず、葬式そのものについて、「本来、仏教には、葬式をせよ、という教えはないのです。お釈迦さまは一度として葬儀を行われたことはありません。お弟子方にしてもそうです。元来、仏教は、生きている人のために説かれた教えですから、それは当然のことなのです……。生きている人が生きている時に、本当の幸せになれる道を、仏法では説かれています。人生の最も大事なことを知るご縁が葬儀や法事なのです」と、「浄土真宗の住職、門徒総代、門徒のためのネット講座」の「浄土真宗の葬式や法事の意味」として記載されているのです。

たしかに、浄土真宗では、単なる葬送儀礼ではなく、故人を偲びつつ、人生における意味を見つめ直し、遺されたものが阿弥陀如来の本願力の教えに出会い、念仏をする法会ともいわれています。

また、浄土真宗では、仏法に帰依した人ということで、戒名ではなく「**法名**」をいただくとされ、戒名を記した位牌も用いません。さらに、一般に遺されたものは「追善供養」を行なうとされていますが、浄土真宗では、阿弥陀如来の本願力によって命終と同時に浄土に往生するとされているため、**追善の必要がない仏**となっています。それゆえ、追善供養ということでなく、故人の徳を偲びつつ、人生の意義について考える法縁として心がけるべきといわれています。中陰法要についても、阿弥陀仏への「報恩感謝」のためとされています。

▼臨済宗

臨済宗の宗祖は**栄西**ですが、栄西の法脈は一時途絶え、江戸時代になって**白隠**が臨済禅の伝統を継承し、**公案**（悟りを導くための禅者の言葉）を体系化して**禅の大衆化**をすすめたといわれます。現在の臨済宗十五派はその流れにあるのです。

臨済宗の**葬儀**は、故人を仏弟子として導き、仏の悟りの世界へ送るための「**引導（下火）法語**」が中心になります。ただ、故人の霊が成仏するように導くだけではなく、迷っている者に対して仏の教えを説き、真実の歩みに入るように導くことも引導とされます。

また、臨済宗では、引導法語のとき、最後に「**喝**」と大声で一喝を与えます。これは、禅の神髄を詩文で唱えるのが引導法語なのですが、言葉だけでは伝えられないことを「喝」にこめて故人に伝えるためです。

さらに、引導を渡すときに炬火（たいまつ）で**一円相**（いちえんそう）を描きます。一円相は、禅僧がよく筆で丸を描くもので、禅思想の要点や奥義を簡潔に表現する手段といわれるものです。引導のとき、炬火で一円を描くことは「大円鏡智（だいえんきょうち）」といい、鏡が正しく映し出すように、人間が持っている本来の無垢な心を曇らせず、真の安楽浄土に向かうようにという意味がこめられているのです。

▼曹洞宗

葬祭の問題や死後の世界観に早くから取り組んでいる宗派として曹洞宗があります。曹洞宗では、同宗が直面する課題の研究や宗門人の付託に応える人材養成を行なう場として「**曹洞宗総合研究センター**」という教団付属の研究機関があります。

同センターと曹洞宗宗務庁が宗門僧侶を対象に実施した調査では、霊魂観については約半数が「霊魂は存在する」と回答し、「説教を行なう際、死者の霊魂のゆくえをどのように説きますか」という問いに対しては「仏の子として成仏したと説く」が46・1％と最も多かったと報告されています（同レポートより、原典は『葬祭—現代的意義と課題—』〔曹洞宗総合研究センター、二〇〇三年三月〕）。

ただし、曹洞宗総合研究センターの研究会では、「地方や人によって異なるので一義的な規定は無理と考えられ、二〇〇三年のシンポジウムでは、宗義的に来世は『仏国土』『悟りの世界』と思われるが、研究会での合意は出来上がっていないという研究員からの発表があった」ようです（同レポートより）。

曹洞宗の公式サイトをみると、「宗旨・教義（曹洞宗の教え）」には「**曹洞宗は、お釈迦さまより歴代の祖師方によって相続されてきた『正伝の仏法』を依りどころとする宗派**です。それは**坐禅の教えを依りどころ**にしており、坐禅の実践によって得る身と心のやすらぎが、そのまま『仏の姿』であると自覚することにあります。そして、坐禅の精神による**行住坐臥**の生活に安住し、お互いに安らかでおだやかな日々を送ることに、人間として生まれてきたこの世に価値を見いだしていこうというのです」とあり、現世に生きることにフォーカスされています。

一方、**葬儀**に関しては、次のような**特徴**があるといわれています。

・仏の悟りを信じ、その真実にまかせる「結縁授戒」を受けて仏弟子になります。

・導師（ふつうは菩提寺の住職が務める）による引導を授け、故人を仏道へ導くための引導文（法語）を唱えます。

・「チン・ドン・ジャラン」という音を出す儀礼によって諸仏を道場に招き、諸仏や亡き人を送ります。

このようにみてくると、前述した研究会での発表にあるように、死後の世界観についての統一的な見解は明確にされていないようです。

▼日蓮宗

日蓮宗では『**法華経**』を釈迦の説く最高の経典としており、観世音菩薩等のはたらきによる法華経信仰者への守護と莫大な現世利益を説くといわれています。そういった要素もあり、一般に受け入れやすく、約三八〇万人の信者がいるといわれています。日本で最も活発に宗教活動を行なっており、在家教団として創価学会や立正佼成会、霊友会などがあります。

死後の世界に関しては、前述した宗教情報センターの研究員レポートでは、**『日蓮宗の教え――檀信徒版宗義大綱読本』**（日蓮宗勧学院監修・日蓮宗宗務院教務部編集、日蓮宗新聞社、一九九九年二月）から、次のように紹介しています。

同書には「法華経を読誦し、お題目を唱えるものは、久遠実成本師（くおんじつじょうほんし）釈迦牟尼仏のいる霊山（りょうぜん）浄土に行く、冥土の旅には釈迦・多宝如来・上行等の四菩薩が手をとって迎えに来る」と記載されています。

この「霊山」は釈迦が法華経を説いたインドの霊鷲山（りょうじゅせん）のことで、**霊山浄土とは法華経の行者が信行に励み、仏と同体になった場所を指す**と同書では述べています。ただし、これは成仏するために極楽に往って生まれるという往生と異なり、「霊山へ往ってから成仏するのではなく、生きながら仏になっていこうと努力する行者が、本来からある浄土へ還っていくこと」だというのです。同レポートでも記していますが、これらの言葉から、**霊山浄土＝死後の世界ととらえてよいのか、慎重になる必要**がありそうです。ただ、死後の世界の是非についていえば、認めているととらえてよいでしょう。

以上、代表的な宗派の「死後の世界」観をみてきましたが、それぞれ宗祖の教えや仏教の基本的な教えを大事にしつつも、社会のあり方や人々の生き方・死に方、医療や科学の発達等々、宗教をとりまく多様な現象に影響されて、葬儀のあり方も含めて揺れ動いているように思われます。

ただ、近年のベストセラー（197頁）や死と死後の世界をとりまく動き（本書Ⅱ）からみても、人は「死んだら終わり」ではなく、魂の存在を認め、「あの世」を信じたいと思う人が多いようです。たとえ科学では証明できないとしても、いのちの神秘を想うのかもしれません。

沖縄の「ニライカナイ信仰」

人の魂は「ニライカナイ」へ行く

エメラルドグリーンに輝く海、豊かな自然におおわれた島々……。かつて沖縄は、四百五十年間、沖縄本島を中心に存在した琉球王国という独立国家でした。明治時代（一八七九年）、明治政府は武力的威圧のもとで沖縄県を設置、王統の支配が終了し、日本の領有権が確定したのです（琉球処分といわれる）。

その後、太平洋戦争においてアメリカ軍の上陸を受け、地上戦（沖縄戦）の末にアメリカ軍に占領され、終戦を迎えます。そして、一九五一年、サンフランシスコ講和条約が締結され、沖縄はアメリカの施政権下におかれることになりました。以来、アメリカの軍事基地としていまも続く多様な問題を抱えながら、四半世紀にわたりアメリカの占領下にありました。一九七二（昭和四十七）年には、沖縄の施政権が日本に返還され、本土復帰を果たしました。

現在の沖縄は、東シナ海と太平洋（フィリピン海）にある三百六十三の島からなり、屋久島、種子島、奄美群島、トカラ列島は鹿児島県に属します。

▼ニライカナイ

さて、沖縄の他界観をみるうえで、「**琉球神道**」を語らないわけにはいきません。琉球神道は、琉球という土壌で自然発生的に生まれた固有の多神教宗教であり、「**ニライカナイ信仰**」ともいわれています。

多神教と述べましたが、琉球の神は主に「来訪神」と「守護神」に分けられます。

来訪神は、異界（他界）の神で、通常は村落にはいませんが、祭りのときなどに「御獄（ウタキ）」という聖林に訪れるとみられています。来訪神には多数の神がいますが、創造神である「アマミキヨ」と「シネリキヨ」、「ニライカナイ」（遥か彼方にある異界）の最高神である「東方大主（あがりかたうふぬし）」が知られています。

守護神は、もともと村落の死者の魂（祖霊）であり、ニライカナイで神となって村落に戻ってくるとされています。琉球、そしていまの沖縄でも、祖霊を敬い、祖先崇拝が大事にされているのです。守護神も御獄にいると考えられており、琉球では村落ごとに来訪神や守護神が存在する自然の聖域として御獄を礼拝所として設けていました。

琉球神道の他界観は、先述した「ニライカナイ」にあらわされています。「遥か彼方にある異界」と記しましたが、より詳しくいうと、遥か東・辰巳の方角の海の彼方、あるいは地の底にあります。そこは豊穣と生命の源、また祖霊が守護神に生まれ変わる場（祖霊神が誕生する場）とされています。つまり、**人の魂は、死後、ニライカナイに行って七代して守護神となり、村に戻ってくる**と考えられていたのです。

沖縄の葬儀については、かつては土葬を中心に、風葬・洗骨も行なわれていましたが、明治時代に風葬は禁止され（実際には一九六〇年代まで行なわれていたところがある）、現在では多くの地域で火葬となっています。琉球時代からの伝統的な他界観もあり、人々の間で火葬が受け入れられるまでには時間がかかったようです（風葬・洗骨については次ページ参照）。

なお、近年、仏式の葬儀も行なわれていますが、仏教を信仰する人は少なく、読経を希望する場合はどのお寺に依頼してもよいとされています。

祖先崇拝を守り続ける奄美群島・与論島

「風葬」や「洗骨」儀礼が意味するもの

日本列島の南、南西諸島の内薩南諸島南部にある奄美群島は、鹿児島県に属していますが、文化的には沖縄に近く、琉球文化圏ともいえます。その奄美群島のなかで最も沖縄に近い位置に、美しいサンゴ礁の島・与論島があります。

与論島では、かつて、死者を弔う習俗儀礼として**「風葬」**が行なわれていました。「風葬」という言葉をはじめて見聞きする人も多いと思いますが、「遺体を風にさらし風化をまつ葬制」で、樹木の上に遺体を置いたり、洞窟や台座の上に安置したり、といろいろな方法があります。

与論島での風葬は、海辺に近い岩山や自然にある岩穴などに遺体を安置して、風化にまかせるという葬送――故人を身近なところに置いて、自然に還っていくときを共有するという死生観が背景にあるとみられています。

ところが一八七八（明治十一）年、衛生上の問題や伝染病のリスクを考えて、風葬禁止令が出され、奄美群島の島々では土葬に改められました。ただ、与論島では長い間、習俗儀礼として行なわれてきた風葬への思いが根強く残り、警察が乗り込んでの指導が行なわれた一九〇二年まで続いたといわれています。

土葬という葬送でも、与論島では「**洗骨**」という儀礼があります。人が亡くなると棺に納め、「ガンブタ」という小さな家の形をした作り物を載せて、埋葬地に棺をかついで運びます。そのとき、「ジュンプー」と口ずさみますが、それは船に乗って順風を受けながら、海の彼方にあるニライカナイ（75頁参照）へ行くことを願うという意味が込められているとみられています。

埋葬後、三〜五年経つと、遺骨を取り出し、「洗骨」が行なわれます。洗骨とは、土葬や風葬を行なったあと、死者の骨を海水や酒などで洗い、再び埋葬する葬制のことで、日本では沖縄や奄美群島、外国では中国や東南アジア、アフリカ、インド洋諸島などでも行なわれています。洗骨を行なう意味として、一般に、一度埋葬しただけでは死霊のままであり、**洗骨をして第二の葬儀をすることによって子孫に幸福と豊穣をもたらす祖霊になる**、と考えられているのです。

与論島の洗骨は、夜明け前の暗いうちに、骨が太陽の光にさらされないように天幕などを張って行なわれ、海水などで洗うのではなく、布で骨についているものをきれいにふき取っていきます。きれいになった骨は素焼きの甕に足から順に納めて、ご先祖さまの甕の横に並べます。

二〇一〇年、NHK鹿児島放送局にて、与論島での洗骨儀礼が放映され、伝統的な葬送儀礼に人々の関心を呼びました。その折の話では、与論島で洗骨が始まったのは明治に入ってからのことで、風葬が禁じられて、土葬の後の洗骨儀式が行なわれるようになったそうです。

風葬や洗骨という儀礼は、死者が自然に還っていくときを共有するという思いをあらわすと同時に、一度埋葬したら終わりではなく、**ニライカナイへ行って祖霊になるプロセス**を共有することで、祖霊は再び村にもどって守ってくれる、という死生観をあらわしています。与論島の人々の祖先を大事にする思いは、このような形で伝承されてきたといえるのではないでしょうか。

ただ、そういった伝統的な葬送も、変わりつつあります。二〇〇三年に与論島で初の火葬場が誕生し、いまでは火葬率が高まり、土葬より多くなっているのです。衛生面を考慮して火葬を望む若い世代が増えたためといわれますが、葬送のかたちは変わっても、与論島で育まれてきた祖先崇拝は残ってほしいものです。

アメリカ・インディアンの死後の考え

死を恐れず「自然に還る」

「インディアン」という言葉は、主にアメリカ先住民の呼称とされていますが、本来は直訳すると「インド人」の意味があり、本来のインド人を「イースト・インディアン」、アメリカ先住民を「アメリカン・インディアン」と分けて呼ぶことがあります。

近年、アメリカでは「ネイティブ・アメリカン」と呼ぶ動きがあります。これは、アメリカのインディアン管理局がサービス対象グループに対して使い始めた用語であり、インディアンの活動家たちは「ネイティブ・アメリカンという言葉は、アメリカのすべての先住民について使用される政府用語であり、アメリカ・インディアンは『アメリカ合衆国の民族』以前からいる唯一の民族グループ」といい、「アメリカ・インディアン」という呼び名を主張しています。そういった民の思いを尊重し、ここでは「アメリカ・インディアン」という呼び名を用います。

アメリカの先住民族は、文化的な特徴などから、インディアンとインディオ（中南米の先住民）、エスキモー・アレウト人、白人男性と先住民女性との間に生まれたメティ、ハワイ原住民などに分けられ、ナバホ族、チェロキー族、プエブロ族など、多くの部族が存在しています。

アメリカ・インディアンの宗教についてみると、一八八一年、アメリカ連邦議会はアメリカ・インディアンの宗教儀式を非合法化しましたが、圧力を受けても人々の間では信仰を守り継承してきました。たとえば、南西部のアパッチ族は、「ガン」という山の精霊を信仰し、ナバホ族は神話に基づいて精霊たちの行進という行事を行ないます。また、プエブロ族の集落にはスペイン人の宣教師が民の改宗のために建てさせた伝道所がありますが、実際には農耕と関係した精霊群への神聖な儀式を行なう祈禱所になっています。

また、一八九〇年代に興った「ネイティブ・アメリカン教会」が、アメリカ・インディアンの人たちに普及しているといわれています。これはコマンチェ族の最後の酋長クアナー・パーカーを開祖としたもので、多くの部族の霊的な習慣とキリスト教のシンボリックな要素を習合させたもの。教会といってもキリスト教的な教義はなく、「ペヨーテ（メキシコのペヨーテ狩りの儀式が元になっている）」の霊的な幻視と、その薬効の会得について儀式的に整えたものといわれます。

アメリカ・インディアンの部族は、自然崇拝を行ない、自然との調和を大事にしてきました。その伝統的な信仰や文化は、近代化のもとに圧力を受けても決して消えることなく、他の宗教とも習合しながら、いまに受け継がれているようです。

▼タオス・プエブロ族の伝承

さて、『**今日は死ぬのにもってこいの日**』という本をご存じでしょうか……アメリカ・インディアンのタオス・プエブロ族の古老たちから聞き出した伝承を詩と散文で綴ったもので、一九七四年にアメリカで出版されて以来、全世界の人たちに読み継がれています（ナンシー・ウッド著、フランク・ハウエル画、金関寿夫訳、めるくまーる）。

その一節を紹介しましょう。

「今日は死ぬのにもってこいの日だ。
生きているものすべてが、わたしと呼吸を合わせている。
すべての声が、わたしの中で合唱している。
すべての美が、わたしの目の中で休もうとしてやって来た。
あらゆる悪い考えは、わたしから立ち去っていった。
今日は死ぬのにもってこいの日だ。
わたしの土地は、わたしを静かに取り巻いている。
わたしの畑は、もう耕されることはない。
わたしの家は、笑い声に満ちている。

子どもたちは、うちに帰ってきた。
そう、今日は死ぬのにもってこいの日だ。」

この詩を語ったタオス・プエブロ族は、先に紹介した南西部のプエブロ族の古代の集落で千年以上定住してきた人たちです。ニューメキシコ州タオスの約一マイル北、クリスト山地から流れる小さな小川沿いにあり、約二千人の人たちが暮らしています。その古老は、大地や自然と共生し、**万物は死ぬことによって、再び新しい生を得る**と、語っているそうです。

一般に、アメリカ・インディアンの民は、**自分たちは自然の一部**であると考えています。死は、あらゆるものに従っている、自然な宇宙のプロセス、ととらえるのです。それゆえ、死は恐れるものではなく、次の世への始まりでもあるのです。

「世界一幸せな国」ブータンの死生観

六道輪廻の教えが息づく

インドと中国の間にあり、ヒマラヤの東端に位置するブータン王国。日本の九州ほどの広さの国土に七十万人ほどの人口をもつ小さな仏教王国です。

日本人にとっては、ブータンといえば「世界一幸せな国」というイメージをもつ人も多いでしょう。それは、一九七〇年代、国王が提唱した「国民総幸福量（しあわせの指標ＧＮＨ）」に由来します。つまり、世界では国民総生産（ＧＮＰ）が豊かさの指標とされ、必死に物を作って売ることが幸せとされていますが、そのアンチテーゼで、「国民総幸福を第一に考え、国民の幸せを何よりも大事にしていく、その中で経済成長や開発など発展していきたい」というメッセージを語ったのです。その裏には、伝統文化や仏教世界観を継承し、自然環境を保護しながら国の発展を考えるというブータンならではの価値観があります。

仏教世界観といいましたが、**ブータンではチベット仏教を信仰**しています。チベットへの仏教初伝はさまざまな説がありますが、本格的な伝来は八世紀後半、インド哲学の巨匠シャーンタラクシタと大密教行者を招聘したことに始まるとみられています。当時隆盛だったチベットの古代帝国は国の指導理念を仏教に求めて仏教化政策を行ないました。その後、王国が崩壊しても、民の間に仏教の信仰は広まっていったのです。十三世紀初頭、衰退しつつあったインド仏教はイスラム教徒の攻撃を受け、大僧院の座主はチベットに逃れて、インド仏教の教えや戒律をチベットの僧侶に託しました。

チベット仏教はインド仏教の本流を継承しているとみられ、インド密教や大乗仏教の系譜を受け継いでいるともいわれています。密教的な要素としては、インド後期密教の流れをくむ無上ヨーガ・タントラが仏陀の境地を達成するために実践されています。

仏教の本流を継承していることからも「六道輪廻」の教えが信じられています。ブータンにはいたるところにお寺があり、そこには六道輪廻図が描かれています。天上界、人間界、修羅界、畜生界、餓鬼界、地獄界という六道と、十二の縁起が描かれ、人が誕生してから死までの苦や輪廻転生をあらわしているのです。

ブータンの人々は、仏教に篤く帰依しており、日常のなかで、「六道輪廻図」にもふれています。それゆえ、悪いことをしたら地獄に堕ちる、でも生まれ変わって善い行ないをしたら天上界、極楽に行かれる、この世の不幸も幸もすべて前世の因果——それがブータンの人々の死生観になっているのです。

ヒマラヤの麓、標高一二〇〇から二七〇〇メートルのところに住んでいるというブータンの**自**

然環境も、死生観や葬送に影響を及ぼしています。ブータンの葬送は、基本的に火葬です。火葬後の遺骨は、多くは川に流し、一部の骨（頭蓋骨）は砕いて粘土と混ぜて小さな仏塔「ツァツァ」を作ります。それを風通しのよいところ（寺壁、洞窟など）に置くのです。**実はブータンにはお墓はありません。**

ブータンにはヒマラヤからすごい風が吹いてきて、その風によって遺灰が入った仏塔は自然のなかに融け入ってしまう、「風は宇宙の息」と人々は考えているのです。

生も死も大きな運命のなかにあり、家族の死であっても執着しない……たとえば、子どもが亡くなったとき、なんらかの業（カルマ）をもって生まれたので死んだと考え、今世の穢れを払って来世によい人生が送られるようにと、川に流す水葬が行なわれるといわれます。死は悲しいけれど、それは決まっていたことで、**いつかは生まれ変わり、またあぐりあえる**と考えているのです。

インドネシア・トラジャ族の他界観

死は魂の地へいたる流れの一環

インドネシアは、三百を超える多種族国家であり、スラウェシ島にある山間地帯には、マレー系の先住民族「トラジャ族」が住んでいます。「トラジャコーヒー」でその名を知る人もいるでしょう。トラジャはコーヒーだけでなく、民にとっては財である水牛を供犠ということで屠殺する儀式を行なうという独特の葬送儀礼でも知られています。

最初にトラジャ族の社会についてみてみましょう。

「トラジャ」という言葉は、オランダ領東インド政府が「高地の人々」という意味で名付けたとも、塩などを求めて山から降りてくる人を「山の人」と呼んだことに由来しているともいわれています。いずれにしてもトラジャ族の人々は海抜の高い山岳に住み、外界とは隔絶された村で暮らしていました。十七世紀にオランダがスラウェシ島を支配しましたが、一九〇〇年初頭、山間地帯にあったトラジャ族の村にオランダ人宣教師がキリスト教の布教のために訪れたのが、外界へ開かれるきっかけとなったのです。

その後、スラウェシ島にイスラム教が伝播し始めたことに危惧したオランダは、トラジャ族に対して布教活動を開始し、さらに徴税制度などの強制を行なって支配を強めていきました。インドネシア独立戦争後、イスラム国家独立運動が激化し、そのゲリラ活動への反発からトラジャ族は、キリスト教に改宗する人が増え始めました。一九六五年には大統領令が発令され、インドネシア国民は、キリスト教（プロテスタント、カトリック）、イスラム教、ヒンドゥー教などの公認された宗教のいずれかの信者になることが義務づけられたのです。

トラジャ族は多神教アニミズムである伝統的宗教「アルク」を信仰していましたが、アルクは非合法とされ、抗議の声の高まりによって、ヒンドゥー教の分派の一つとして「アルクトドロ教」として認められるようになりました。

▼トラジャ族の伝統的宗教

アルクでの神の概念は、神々の至高神として人類の創造神「プアン・マツア」、精霊神「デアタ」、祖先神「ネネ」が存在します。その他にも大地の神、死を司る神、医薬の女神など多くの神が存在し、そういった神々の力によって現生の安寧と繁栄がもたらされていると考えられています。ただ、慣習に基づいた儀礼を怠ったり悪い行為をすると災いがもたらされるとされ、水牛や豚、鶏などを神々に供犠して安寧と繁栄を願うのです。

トラジャ族の死生観をみると、**死はいわゆる来世と考えられる魂の地「ブヤ」へ至る流れの一**

環と考えられています。つまり、肉体は亡くなっても、魂はあの世へ行くものとみられていたのです。それゆえ、魂があの世へきちんと行きつけるように、壮大な葬送儀礼が行なわれます。

死を迎えると、死者は香油を塗られて吸湿性のある布で巻かれてトンコナン（トラジャの伝統建築である木造の高床式の舟形家屋）といわれる棺に安置し、死者の復活を願いつつも遺体の白骨化などにより「死」を確認します。この「もがり」といわれる間、死者の魂は村のなかをさまよっているとみなされます。葬送儀礼が行なわれるのは「もがり」の後、肉体の死から数カ月から半年ほど経ってからで、葬儀が行なわれるまでは「この世」の人で寝ている状態とみて家族は呼びかけるといわれています。

葬儀では、水牛を屠殺して供犠するのが重要な儀式となっています。これは、水牛は死者の魂を天国へ連れていく乗り物であり、多くの水牛を供犠にすれば、早く天国にたどり着けるとされているからです。葬送儀礼として最高のランクにある「ディラパイ・プリ・ドゥア」では、水牛を十二頭以上屠殺しなければならないとされています。

葬儀は、通常でも数百人の参列者があり、数日間続くといわれ、とくに貴族の場合は数週間ときには数カ月にわたって行なわれることもあるようです。葬儀が終わると、あの世で必要なものと一緒に、石の断崖に掘られた室に安置されたり、断崖につるされたりします。

このように盛大な葬儀を行なう背景には、葬儀にお金をかけると死後も幸せになるという言い伝えがあるからとも言われています。なお、現在、トラジャ族の約76％はキリスト教徒、伝統的な宗教のアルクトドロを信仰するものは約6％とみられています。その数だけでは、いいきれませんが、トラジャ族の伝統的な宗教儀礼や死生観にも変化しつつあるのかもしれません。

オセアニアの死生観

霊魂観と転生を中心としたさまざまな民族の考え方

オセアニア――オーストラリア大陸、ニューギニア島とニュージーランドを中心に太平洋に点在する島々を含めた六大州のひとつ――には、オーストラリアの先住民をはじめさまざまな部族の霊魂観や死生観が息づいています。

オーストラリアと周辺の島與の先住民は、一般に「アボリジニ」といわれてきましたが、差別的な響きがあるということで「アボリジナル」という言い方もされるようになりました。ここでも**アボリジナル**という言葉を用います。

オーストラリアは、農耕や家畜に適した動植物が少ないなどから不毛の大陸といわれ、他の大陸と隔絶されて、七百を超える部族が五十万から百万人ほど生活していたといわれています。一七八八年にイギリスの植民地化によって多数のアボリジナルが殺害され、その人口は90％以上減少し、二十世紀前半には「死にゆく人種・民族（絶滅寸前の人種）」ともいわれるようになりました。オーストラリア政府によるアボリジナルの保護政策がとられましたが、彼らの子どもを親元から離す政策（進んだ文化のもとで育てるという名目のもと、白人家庭で養育させるということ、実際には隔離施設に入れられた）など、アボリジナルのアイデンティティを失わせる政策がとられたのです。しかし、一九六七年にアボリジナルの市民権が認められ、九三年には先住権とともにアボリジナルの居住地域の所有権も認可されました。

▼アボリジナルの死生観

では、アボリジナルは、死についてどのように考えているのでしょうか。

人が死ぬと、その瞬間に身体を構成している霊は三つに分割されると『**アボリジニの世界――ドリームタイムと始まりの日の声**』（ロバートローラー著、青土社、二〇〇二）では語られています。それによると、「トーテム霊」「先祖霊」「自我霊」に三分割されるのです。

トーテム霊とは、身体を支える生命の源にまつわる霊であり、一般には部族に対して宗教的に結び付けられた野生の動物などの象徴といわれています。同書では、人が死ぬと精神と肉体に宿っていたトーテム霊は儀礼を通じて、動植物をはじめ岩、水、火、木々、風といった生命維持に不可欠の自然霊に立ち返るといっています。

先祖霊は、天空にある死者の国（夜空の特定の位置に輝く星座）へ赴きます。また、自我霊は場所との因縁が強く、妻や夫、親類縁者、道具や衣服という物品との結びつきもあり、死に対しては敵愾心をむき出しにするとみられます。それは死によって、それまで生きてきた物質等との接触が断たれてしまうからです。

アボリジナルの多くは、**沖合に自分たちの島があり、死者は最初にその島に赴き、そこが天空への出発点として、宇宙が終着点となる**と考える、つまり生まれ変わりの観念はないといわれます。アボリジナルは、先祖とは人間であると同時に動物でもありえた、と考えるといわれることからも、死によって自然に還り、精霊として姿を変えていくとみられていたのかもしれません。

▼島々の考え

一方、オセアニアの島々のなかで最も大きな**ニューギニア島**は、西半分はインドネシアの領有ですが、東半分とその周辺の一万近くの島はパプアニューギニア独立国です。住民は多様な部族からなっており、民の95％以上はキリスト教徒ですが、中小の村落では自然崇拝も根強く残っているといわれています。

パプアニューギニアの東に位置する**ソロモン諸島**には、紀元前一〇〇〇年までにはメラネシア系の住民が定住していました。一五六八年、スペインの探検家がこの地を訪れてガダルカナル島で砂金を発見、古代イスラエルのソロモン王の財宝と考えて「ソロモン諸島」と名付けたといわれています。一八九三年にイギリスの植民地となったことから、住民の95％以上がキリスト教徒ですが、部族の年長者（ビッグマン）を尊敬するなど、伝統的な風習は残っています。

これらの地域での他界観について、東南アジア研究双書として『**他界観念の原始形態――オセア**

ニアを中心として』（棚瀬襄爾、京都大学東南アジア研究センター、一九六六）が刊行されています。同書をベースに、霊魂や転生についてみてみましょう。

霊魂観については、ソロモン諸島の東北にあるオントンジャワ島では、生ける人は「geinga」と「kipua」の二つの霊魂をもち、geinga は人が死ぬと直ちに存在しなくなりますが、kipua は不滅で死後に残る人格の唯一の部分であると考えられています。

また、同じソロモン諸島のエディストン島では、死者やその一部、頭蓋、遺骨などを「tomate」、霊魂を「garagara」と呼んでいます。この garagara は、人間の姿に似ており、大人小人によって大小がある、とみなされています。そして、死霊はブーゲンビル島にある「あの世」へ行く、父母の死霊は「御霊蝶」となって、わが子の頭にとまるともいわれています。

さらに、ニューギニア東部の小島に住むタミ族は、人は長い霊魂と短い霊魂をもっており、長い霊魂は北岸の村に行き、短い霊魂は死者の付近をしばらく彷徨う。その後、短い霊魂は、地下界・ランボアム（現世に酷似しているが、より美しく完全なところ）に行き、蛇形になってときには現世に帰来するとみられています。

死霊が動物に転生するという見方は、他の部族にもみられます。たとえば、「あの世でも死があり、死霊は再び死んで動物（クスクス）になり、険しくそびえた山の最も荒れた、深く、暗い静かな谷に住む」（ニューギニア東部のカイ族）、「死霊が老いて再び死んでも絶滅することはなく、動物や植物になる。動物の場合、白蟻、野豚の珍種で殺してはならない」（ニューギニア東部のモヌンボ族）などがあります。

その他、人間への再生を考える部族もいますし、多様な霊魂観や他界観がみられます。

どの民族も霊魂の存在を認め、死霊の行き先として転生や再生へとつながっていくという他界観がみられます。この場合の転生や再生は、自然崇拝に基づく伝統的な宗教観とみてよいでしょう。

エジプトにミイラがある理由《わけ》

来世での復活を信じていた古代エジプトの他界観

「ミイラ」という言葉は、漢字で書くと「木乃伊」ですが、そもそもはポルトガル語の「mirra」に由来し、「没薬」を意味しています。没薬は、ミイラの防腐剤として用いられたり、不老長寿の薬として珍重されたといわれています。中国では、薬学の著作『本草綱目』の人部「木乃伊芳」に薬として記述されており、漢方薬として使われていました。それゆえ、その表記を用いて、日本でも漢字にすると「木乃伊」とするようになったようです。

ミイラには神秘的な力があると考えられたため、古代エジプトをはじめ、古代中国や南米アンデス地方にも、死者をミイラとする風習がありました。ミイラとは人為的または自然条件によって乾燥され、長い期間にわたり原型を留めている死体のことをいいますが、自然条件だけでは内臓などの腐敗が進行してミイラ化がむずかしいため、人為的にミイラを作っていました。

古代エジプトでは、魂が宿るとされた心臓を除いて、内臓や脳の組織を摘出したあと、七十昼夜にわたって天然炭酸ナトリウム（一般に洗浄剤として使用されるもの）に浸し、その後取り出して何重にも布を巻いてミイラを作りました。なお、摘出した臓器は「カノプス壺」に入れられて保管されました。カノプス壺は、人型の臓器収蔵器で、外装にはオリシス神像やその子どもたち、たとえば肺を守る神とされたハピなどが彫られています。

では、古代エジプトでは、なぜミイラを作ったのでしょうか。

古代エジプトでは、人間は「カー（生命力）」と「バー（魂）」からなるものと考えられ、死ぬとバーは天に飛び立ち、夜になると死体に戻ってくるとされていました。そして、**人は死んでも来世に復活し、この世と同じように人生を送ることができると考えていた**ようです。

そのため、死後の生活に必要な道具、たとえば家具や化粧道具、楽器や武器などが用意されていました。また、死者に食べ物を供えられ、穀物や果物、ブドウ酒などが生活道具とともに墓から出土されています。

死者が死後の世界で生き続けるために、墓に供物が捧げられます。死者の魂であるバーは定期的に墓に戻ってくると考えられていたのです。このように死者が死後も供物を食べられるためには、死体をできるだけ保存することが必要になります。それゆえ、ミイラを作るということになったのです。

つまり、ミイラは来世での復活を信じていた古代エジプトの他界観からきたもので、人間だけでなく、バステト女神として崇拝された猫をはじめ、ヒヒ、トキ、ワニなど神の化身とされていた動物のミイラもつくられました。

弔い方は民族によって多様

儒教影響の強い中国・韓国、チベット仏教の鳥葬、英国・米国の事情

「弔い」とは、人の死を悲しみ、哀悼の気持ちをあらわし、死者の霊を慰めることです。具体的なかたちとしては葬送儀礼を行なうことになります。ここでは、さまざまな民族の葬儀を紹介します。

▼儒教の教えが反映する中国・韓国の葬儀

儒教は、紀元前、中国の孔子を始祖とする思想や信仰であり、「仁、義、礼、智、信」の五つの徳を重んじて「父子、君臣、夫婦、長幼、朋友」の関係を維持することを教えるものです。「年功序列」や「親孝行」などが典型的に示しているように「礼」を重んじます。なお、儒教は宗教か否か、という論争があり、一般的に「儒教は倫理であり哲学である」と考えられています。

儒教の死生観をみると、陰陽の説に従い、死後は精神（魂）と肉体（魄〈はく〉）の二つに分かれる（心身二元論）と考えられています。魂は陽に従って天に昇り、肉体の魄は地に降りて陰に

従うとされました。また、**復活の儀式（招魂復魄の儀式）を行なうことで生を復活することができると考えられ**、そのため肉体を火葬することは好まれず、土葬が主流となっていました。

葬儀では、死が訪れると、すぐに哀哭《あいこく》して「復」という招魂を行ない、屋根に上り北に向かって大声で死者の名前を呼び、天に昇る魂を呼び戻そうとしたのです。

中国では、長い間、儒教の教えに従って土葬が行なわれてきましたが、中華人民共和国になると儒教思想は弾圧され、故毛沢東主席は火葬を提唱し、一九五八年に八宝山革命公墓に火葬場が開設されました。一九八五年には全土を沿岸地域と内陸部に分け、沿岸部には火葬が義務づけられました。その背景には、人口約十三億六〇〇〇万人、年間の死亡者数は約千五百万人という状況から、土葬では埋葬の土地が足りないという事情もあったとみられています。ただし、長年の風習である土葬への信仰も根強いようです。

一九九四年、上海市民の間で二百八十六柱の遺灰をまく散骨式が行なわれました。こうした散骨は揚子江河口でも盛んになっているといわれ、葬儀のかたちも多様化しています。

韓国（朝鮮半島）には、文化的な影響のひとつとして儒教思想が導入され、韓国の人々の思想や精神に大きな影響を与えてきました。儒教は、宗教というよりも生活規範としてみられ、キリスト教徒や仏教徒の多い韓国でも儒教を信仰することができて、**葬儀は儒教式が一般的**になっています。近年は火葬を望む人が増え、都市部では伝統的な葬儀を行なうことが徐々に少なくなっているようです。

前述したように、死が確認されると、屋根に上り大声で名前を呼び、人々に葬儀の始まりを告げます。葬儀は、一般庶民の間では三日葬、地位の高い人の場合は一週間ほどといわれ、比較的長期にわたり盛大に行なわれます。

儒教では大きな声を出して泣くことが故人への供養とされており、「**泣き女**」といわれる人がいます。女性は無理にでも泣くのですが、葬儀の演出として大声で泣くことを仕事にしている女性がいて、葬儀に呼ばれるのです。

これは、中国でも同じで、死者に対する遺族の悲しみと孝行の心を示すために、お金を払って泣き女を雇う習慣がある地方もあるようです。

▼五種類あるチベットの葬儀

世界の屋根といわれ、平均高度は三〇〇〇~五〇〇〇メートルにも及ぶ広大な高原が続くチベットは、信仰のあつい仏教国であることとともに、珍しい葬儀があることでも知られています。

チベット仏教の葬儀には、「火葬」「土葬」「水葬」「鳥葬」「塔葬」という五種類があるのです。火葬と土葬は知られていますので、その他の三つの葬儀についてみてみましょう。

三つの葬儀のなかで一番珍しい「**鳥葬**」は、チベット仏教の思想によるものです。チベット仏教では、死後、魂と肉体は別になり、魂は天に昇り、魂のなくなった肉体にはこだわりがなくなります。そこで、人間が多くの動物の命を奪って生きているので、動物に提供するという考え方が基本にあり、魂のなくなった遺体を天に送り届けるための方法として鳥に食べさせるという手段をとっているにすぎないともいわれています。

この鳥葬は、インドのゾロアスター教徒も行なう葬儀で、古代ペルシアにルーツがあるといわれています。なお、日本では鳥葬といいますが、中国語では天葬、英語では空葬などと呼ばれています。

「鳥に食べさせる」と述べたように、鳥葬は、遺体を郊外の荒地に設置された鳥葬台（約一〇〇〇カ所あるといわれる）に運び、専門の職人が遺体を裁断する、骨は細かく砕くなどの処理をして鳥類に食べさせるという方法をとります。この鳥葬は、チベット仏教が伝播している地域、ネパール北部やインドのチベット文化圏の一部でも行なわれていますが、国によっては違法行為となることもあります。鳥葬は非衛生的という問題もあり、中国の西蔵（チベット）自治区では火葬を推奨していて、二〇〇六年に鳥葬についての撮影や報道を禁止する条例を出すとともに、伝統文化を保護する決定を下しました。

「**水葬**」は、遺体を川に流す方法をとりますが、遺体を白い布で包んで川に流したり、遺体を切断して川に流すこともあります。チベット南部など深い谷にあるところで行なわれているといわれています。

「**塔葬**」は、遺体に大量の塩を塗り込んで水分を排出させ、その後薬品や香油を用いて、霊塔といわれる塔で遺体を保存するという方法の葬儀です。また、火葬後の遺骨や遺灰などを塔に葬る場合や、ダライ・マラのようにミイラにして祀られる場合もあります。塔葬は、一般に位の高い僧侶や特別な人に行なわれる葬儀です。

▼エンバーミングが定着するアメリカの葬儀

アメリカでは全人口の約78％はキリスト教徒といわれ、**「死者は復活する」というキリスト教の考え**から、できるだけ生前のままの姿で埋葬するために、土葬が一般的になっていました。ただ、一九六五年、ローマ・カトリック教会が火葬禁止令を撤廃したことにより、火葬は教義に反しないということになってキリスト教徒の多い欧米でも火葬が徐々に増えています。

アメリカでは火葬炉の火力が高く、遺骨がほとんど残らない状態になります。遺灰は、お墓に埋葬されるだけでなく、墓地敷地内に設けられた場所に撒かれたり、海や思い出の地に撒かれたりすることもあります。

さて、「エンバーミング」という遺体保存の方法があります。日本では、一九八八年に導入されて知られるようになりましたが、欧米ではすっかり定着し、アメリカでのエンバーミング率は90％以上となっています。

エンバーミングとは、遺体に対して消毒殺菌や防腐の処置を行なったり、顔を整えるなど、故人のその人らしさを取り戻して、長期保存を可能にする技法です。そのルーツは古代におけるミイラにまで溯りますが、近代のエンバーミングはアメリカの南北戦争時代、戦死者を故郷に長距離・長期間輸送するために遺体の腐敗を防止するために普及しました。

防腐処置をして遺体の腐敗の進行を抑えると、二〜三時間の処置で二週間ほどの保全が可能で、さらに長期の保存もできます。そのため、葬儀の内容や葬儀社選びなどに時間をかけて考えることができます。また、故人の顔を整えて化粧をするなど復元をするので、安らかな姿の故人と最期のお別れができて、遺族の悲しみがやわらぐというメリットもあります。

アメリカの葬儀は、近年、エンバーミングから埋葬まで、トータルな産業をめざした「フューネラル・ビジネス」の動きが高まっています。かつては、教会で葬儀をして付属の墓地に埋葬することが多かったのですが、いまでは教会で葬儀を行なうのは全体の5％ほど、葬祭業者の経営による新しい公園墓地も作られています。

▼自然を愛するイギリス流の葬儀

イギリスもアメリカと同様、キリスト教徒が多く、全人口の約71％を占めるといわれます。イギリスでは、どちらかというとプロテスタントが多く、プロテスタント教会はカトリック教会より早く火葬が許容されたこともあり、アメリカとは異なって火葬が中心となっています。

一八七四年にイギリス火葬協会が創立され、八五年にはロンドン郊外に最初の火葬場が誕生し、いまでは約二三〇カ所の火葬場があります。そのため、イギリスでは約7割は火葬にされるといわれます。

イギリスでの火葬も、アメリカと同じように、遺骨がほとんど残らない状態まで燃焼させて、粉末状となります。その遺灰については、とくに規定された法律もなく、海に撒いても、樹木に撒いてもかまいません。一般に、故人のお墓のまわり、メモリアル・ガーデンと呼ばれる公園墓地、自宅の庭などに撒かれることが多いようです。

そして、遺灰を撒いたところには、バラなどの花々や木々を植えて、故人を偲ぶというのがイギリス流です。大切な家族が亡くなっても、故人が眠っている地で花を咲かせ、成長する樹木を見守る……家族はいつまでも故人を思い出し、悲しみを癒やすことができます。

優美なバラ園や美しいガーデンで知られる国……自然をこよなく愛し、草花や樹木を育てることが好きなイギリス人ならではの葬送といえるでしょう。

古代エジプトの冥界への旅

「死者の書」に記された内容から

世界の四大文明のひとつ、エジプトは、ナイル川が毎年氾濫を起こすことによって肥沃な土壌を広げて、エジプトの繁栄をもたらしました。ギリシャの歴史家・ヘロドトスの「エジプトはナイルの賜物」という言葉そのものです。

そういう肥沃な土壌で農耕が始まったのは、**紀元前九〇〇〇年頃**とも、集落ができ始めた**紀元前五〇〇〇年頃**ともいわれています。その後、**古代エジプト**といわれる時代となり、大きく**古王国、中王国、新王国、末期王朝**に分けられます。

古代エジプトの人々は現実肯定主義者であり、死後は来世に復活して現世と同じように人生を送ることができると信じられていました。その死後の世界観は、**古王国**の時代には「**ピラミッド・テキスト**」といわれる死者の埋葬に関するテキストに現われています（1章「死んだら星になる」参照）。文字通り、ピラミッドの内部に書かれたもので、古代エジプト神話に登場する**オシリス神と一体化**するための呪文、太陽神ラーとなり天へ昇るための呪文が書かれているといわれています。

新王国の時代には、パピルスの巻き物またはコンフィ＝棺に、主に絵とヒエログリフという神聖文字で、死者の霊魂が肉体を離れてから死後の楽園・アアル（イアルともいわれる）に行くまでの道しるべや、楽園にいくための審判をパスするための呪文などが描かれました。それが**無事に楽園にいくためのガイドブック**ともいわれるエジプトの「**死者の書**」です。

「死者の書」は、紀元前十五世紀から四世紀のものまで約二五〇〇点以上発見され、一八四二年にドイツのエジプト学者レプシウスが「ツリン・パピルス」という一六五章のパピルス文書を『エジプト人の死者の書』として出版したのが始まりといわれています。その後、一八八七年、大英博物館の学芸員ウオリス・バッジがエジプト博物館を訪れてコレクションの状態の悪さに愕然とし、パピルスをエジプトから持ち出したといわれます。バッジは、この死者の書を翻訳し、日本でも『**世界最古の原典　エジプト死者の書**』（たま出版、一九九四）が刊行されています。

▼なぜミイラをつくるのか、そして最後の試練とは

では、「死者の書」をベースに、古代エジプトの冥界の旅をみてみましょう。

最初に「死者の書」の内容を理解するために知っておきたい**エジプト神話の**「**オシリス**」についてみておきます。オシリスは、生産の神としてエジプトの王として君臨し、民に小麦の栽培法やパンおよびワインの作り方を教え、法律を作って広めることによって人々の絶大な支持を得ました。

それを妬んだ弟のセトは陰謀をめぐらせて殺害し、遺体はバラバラにされてナイル川に投げ込まれました。しかし、妻である（妹でもあるとされる）イシスによって拾い集められ、ミイラとして復活します。以後は、冥界アアルの王として君臨し、死者を裁くことになりました。その一方で、イシスを通して自身の遺児・ホルスを後見し、弟セトに奪われた王位を奪還し、ホルスに継承されることに成功し、現世はホルス、冥界はオシリスが統治・君臨することになりました。

なお、この神話はエジプト人の記述ではなく、**ギリシャの哲学者プルタルコスによる「イシスとオシリスについて」に基づく**ものといわれています。ただ、古代エジプトの墓の遺跡にオシリスの肖像や名前が記録されており、古代エジプトの人々の死生観に大きく影響しているとみられています。

さて「死者の書」で重要な章のひとつに「**口開けの儀式**」があります。古代エジプトでは、人間は「カー（生命力）」と「バー（魂）」からなると考えられ、死ぬとバーは天に飛び立ちますが、夜になると死体に戻ってくるとされていました（そのためミイラがつくられました、96頁参照）。口開けの儀式は、魂を目覚めさせるものでもあり、死者の口を開き、死者が来世でも食べたり飲んだりする能力を与える儀式でもありました。

死者は、「死者の書」の文書の指示通りに従って進めば、**最後の試練の場――「真理の間」という審判の広間**にたどり着くことができます。真理の間には、玉座に座るオシリス、その妻のイシスと妹のネフティスをはじめ、四二柱の神々が待ち構えています。死者は、証言台に立たされ、四二柱の神々の名前を順番に呼び、悪い行為を現世で行なわなかったと「否定の告白」をします。たとえば、「人を傷つけなかった」「家族を害さなかった」「聖地で悪事を働かなかった」「悪友をもたなかった」「悪事をしなかった」「名誉を追求しなかった」「神を侮辱しなかった」「他人の財産を奪わなかった」等々、三十八に及ぶともいわれています。ここで間違いを犯すと地獄行きになってしまいます。

死者の告白が終わると、アヌビス神（ネフティスが兄のオシリスと不倫によってできた子、犬または はジャッカルの頭部を持つ半獣の姿）が天秤を用意し、片方の皿には死者の心臓、もう一方の皿には真理を象徴するマアト女神の羽根を乗せて、目盛りを測ります。天秤がわずかでも動けば死者の言葉はうそで魂の罪は重いということになり、アメミット（大鰐、古代エジプトでは鰐を神獣として飼っていた）に心臓は食べられてしまいます。喰われた魂は二度と転生できません。

一方、死者の言葉の真実が認められ、審判をくぐり抜けることができると、死者はオシリス神に迎え入れられて、冥界アアルに行くことになります。「死者の書」には、冥界アアルの楽園についても記されています。「平和の野原」と呼ばれた楽園は、清流がめぐり、豊かな実りが約束されていました。何の苦しみもなく、生前と同じように楽しく過ごすことができると記されています。

5章　世界の宗教・民族別に「死後のストーリー」を整理してみよう2

古代ユダヤとユダヤ教

古代からつづくユダヤ教の基本的な考えと「他界」のストーリー

▼「アブラハム」からイスラエル建国まで

ユダヤのルーツは、紀元前三〇〇〇年に溯ります。当時、すべてのユダヤ人およびアラブ人の系統上の祖とされる「アブラハム」は、カルデヤのウル（イラクとみられる）から出発して、肥沃な三日月地帯であるカナン（現在のイスラエル）に移住しました。アブラハムは、イシュマエルとイサクを生み、イサクはヤコブ（別名・イスラエル）を生み、ヤコブには十二人の息子がいました。その後、この十二部族にそれぞれ土地が与えられ、ユダに与えられた土地がのちにユダヤと呼ばれるようになりました。

当時、カナンにはカナン人をはじめ多様な民族が住み、ユダヤ人の祖先となるヘブライ人も移住してきました。ヘブライ人の子孫はエジプトに移住してエジプト人の奴隷となりましたが、やがてモーセがヘブライ人をエジプトから脱出させて、この地を征服し、紀元前十一世紀頃にイスラエル王国が誕生しました。

紀元前九三〇年頃には内乱のため、イスラエル王国は南と北に分裂し、北はイスラエル王国、南はユダ王国となります。分裂後六十年は、南北王国の間で闘いが繰り返されましたが、両国の関係が安定し、ソロモンの最盛期に匹敵するほど国土となりました。しかし、アッシリア帝国の勃興によって、北のイスラエル王国は紀元前七二二年にアッシリアに滅ぼされ、南のユダ王国は紀元前五八六年に新バビロニアに滅ぼされました。なお、ユダ王国の滅亡後は、東ローマ帝国、オスマン帝国などの統治、イギリスによる国際連盟の委任統治を経て、一九四八年イスラエル国が成立します。

▼古代ユダヤの「シェオール」とユダヤ教

イスラエルの文化は**セム族**に属するといわれます。セム族とは、中東に起源がある古代・現代のさまざまなセム語を話す人たちのことで、たとえば、古代アッシリア人、バビロニア人、カナン人、ヘブライ人（イスラエル人、ユダヤ人、サマリア人）等々があげられます。
古代のセム族は、世界は三層――上層は神々の世界（天国）、中間層は人間の住む世界、下層は**シェオールという冥界**――からなると考えていました。シェオールとは、ヘブライ語の音訳で、新改訳聖書では「黄泉（よみ）」の原語、新共同訳聖書では「陰府（よみ）」と訳されています。この陰府には、良い場所と悪い場所があり、信者が行くところは良い場所となり、不信者や悪霊が行くところは悪い場所となっています。また旧約聖書時代は、多くの場合、よみは死人のいるところであり、墓を意味したといわれます。

「シェオールは死者の行く世界で、モト（死）という神が冥界の神々と死者を支配しているとされていました。……現世の人間からみると、シェオールの住民はご先祖さまです」（『世界の地獄と極楽がわかる本』田中治郎、PHP研究所、二〇一〇）であり、シェオールのなかでも層があり、善をなして天寿を全うし、子孫から供物をそなえられているものは上層部に住んで子孫を見守る、一方罪を犯して死んだ人や子孫が供養を怠った死者は下層部に堕ちると、同書では記されています。

また、「ユダヤ教」との関係を見逃すわけにはいきません。**ユダヤ教**は、紀元前一二八〇年頃、前述したモーセがヘブライ人をエジプトから脱出させたおり、シナイ山で神ヤハウェと契約を結んだことが始まりです。カナンに定着してから二百年間は、十二部族からなるイスラエル民族が繁栄し、王は神ヤハウェとして平等な社会ができていました。

しかし、イスラエル王国とユダ王国に分裂し、ユダ王国が新バビロニアに滅ぼされてバビロンに捕囚されると、これまでのイスラエル民族の歩みをあらためて考え、民族神や神ヤハウェに対する思いも含めて、国はなくてもユダヤ教団として生きる道を選んだのです。そして、大胆な宗教の変更と改革が行なわれ、「**神ヤハウェが、この世界を創造した神であり、唯一神である**」とされるユダヤ教が確立したのです。

この時代に、旧約聖書の天地創造物語が書かれました。宗教体系としては紀元前五世紀に律法学者エズラが戒律をまとめ、神との契約（戒律）を厳格に守ることが祖国を失っても、信仰をもって結束を強めることにつながったといわれます。ユダヤ教の重要な聖典は「タハナ」であり、これはキリスト教の「旧約聖書」と同じですが、成立の状況によって異なるところがあります。

ユダヤ教は、信仰だけでなく、その前提としての行動や生活・民族を重視します。たとえば、「シェマア・イスラーエールを唱えないこと（シェマア・イスラーエールとは、「聴け、イスラエルよ」から預言者の言葉が始まるといわれるもの）」など行なってはいけないことの決まりがあり、血縁よりも教徒としての行動が重要視されます。

▼「死後の世界」は存在しない？

死生観については、「旧約聖書」末期に成立した外典である**「エノク書」**にあらわされています。「エノク書」とは、エノクの啓示というかたちをとる黙示で、天界や地獄、最後の審判などが記されています。

それによると、死後に審判を受け、悪人はゲヘナ（火炎地獄のようなところといわれる）で処罰され、そこで罪を償います。悪人は自分の罪の償いを終えると解放されるとされています。さらに、そのあとに最後の審判があり、死者は天国と地獄に振り分けるとあります。

ただし、**ユダヤ教では、いわゆる「死後の世界」というものは存在しないという説もあります。**最後の審判のときにすべての魂が復活し、現世で善行を行なった者は永遠の魂を手に入れ、悪行を行なった者は地獄に堕ちるというのです。

さらに、死後の世界としての天国も地獄もない。いわゆる「天国」は理想郷とされる楽園エルサレムであり、神の最後の審判によってサタン（悪魔）の終わる終末がきて、楽園エルサレムが実現する。そのとき、死者は生前の姿で復活する……そういうとらえ方もあります。

古代ユダヤの他界観については、信仰や宗教の背景にある建国の歴史や政治的動乱が大きく影響しており、人々をとりまく情勢によって死後の世界への思いも揺れ動いたようです。

古代ギリシャの死生観

ギリシャ神話にあらわれた「プシュケー（魂）」や冥府の神「ハーデース」

ギリシャの歴史の始まりは**エーゲ文明**に遡ります。紀元前二六〇〇年から紀元前一二〇〇年頃まで、オリエントの影響を受けてエーゲ海に栄えた文明であり、トロイア、ミケーネ、ミノアなどの文明がよく知られています。

エーゲ文明の滅亡から四百年ほどは文化的に不毛の時代が続きましたが、紀元前八世紀頃になると、**古代ギリシャ文明**が開花し、**ポリス**といわれる都市国家が成立するようになりました。ポリスは、大小さまざまですが、アクアポリスと呼ばれる丘の頂に作られた城壁を中心に置き、アゴラ（市場・公共広場）、一つ以上の神殿と体育館を備える必要がありました。各都市は、いくつかのデモス（氏族で構成される区）からなり、崇拝する守護神や特有の祭儀をもっていました。

また、古代ギリシャ人は**ギリシャ神話**を共有し、オリュンポス十二神、デルポイの神託を信じていました。**オリュンポス十二神**とは、ギリシャ神話にてオリュンポス山の山頂に住まうと伝えられる十二の神々であり、主神ゼウスをはじめ、男女六柱ずつの神々がいます。**デルポイの神託**とは、ポーキス地方にあったポリス・デルポイは、パルナッソス山のふもとにあり、古代ギリシャ世界において世界の「へそ（中心）」と信じられ、ポイボス・アポローンを祀る神殿で下されることをさしています。

このように、古代ギリシャ人と神話は密接な関係があり、死生観も神話から読み取ることができます。たとえば、吟遊詩人といわれた**ホメーロスの「オデュッセイア」**にはギリシャ神話の冥界や地獄が描かれています。なお、ホメーロスは実在の人物だったのか、誰なのか（1人なのか、複数か）、叙事詩「オデュッセイア」の作者だったのか等々、「ホメーロス問題」がありますが、その真偽はわかりません。

▼プシュケー（魂）はどこへ行くのか

では、ギリシャ神話をもとに古代ギリシャ人の死生観をみてみましょう。

古代ギリシャ人は、人が死ぬと肉体から**プシュケー（魂）**が離脱すると考えていました。プシュケーとは、もともとは「息・呼吸」を意味しており、転じて「いのち」、「心や魂」を意味するようになりました。古代のギリシャ哲学では、**プラトン**は滅びる宿命の身体に属する感覚を越えた知を特質として自己を動かすプシュケーは不滅であると語りました。**アリストテレス**は、プシュケーはいのちの本質である機能であり、起動のもとであるとしました。

ギリシャ神話には冥府の神として「**ハーデース**」が登場します。ポセイドーンとゼウスの兄で、オリュンポス内でもそのふたりの神に次ぐ実力者とされています。後に、冥府が地下にあるとされるようになったことから地下の神ともいわれます。

冥府のこともハーデースと呼び、ハーデースの上には暗黒のエレボスがあり、下には底なしの地獄タルタロスがあるといわれます。地獄の門には、三つ頭がある番犬のケルベロスが警備をしています。

また、ホメーロスの「オデュッセイア」は、イタケーの王オデュッセウスがトロイア戦争の勝利の後に凱旋する途中に起きた十年間にも及ぶ漂泊が語られ、ハーデースを訪れる物語が描かれています。

その物語では、**ハーデースと地獄について**次のように語られています。

「死者のプシケー〈プシュケー〉は、ヘルメスという神に案内されてステュクス（憎悪）の川を渡ります。この川には、支流のアケロン（苦悩）川、プレゲトーン（燃焼）川、コキュトス（悲嘆）川、アオニス（島殺し）川、レーテ（忘却）川が流れ込んでいます。ギリシャの三途の川ともいえるステュクス川の渡し守はカローンといい、プシケー〈プシュケー〉は渡し賃として一オボロスを彼に支払って渡してもらいます。……ハーデースの国は牢獄のようなところで、亡霊たちはなんの楽しみもないアスボデロスの野に住まわされているといいます」（『世界の地獄と極楽がわかる本』田中治郎、ＰＨＰ研究所、２０１０）

地獄のタルタロスは、神々を冒とくした罪人が堕とされるところで、ブロンズの壁に囲まれ、ニュクス（夜）が三重に取り囲んで誰も逃げられないそうです。

一方、**善なるプシュケーは、楽園にいきます。**エーリュシオン、あるいはヘスペリデスの園、マカローン・ネーソイ（至福者の島）などがあり、これらの楽園はオーケアノス（極洋）の西の果てにあって、清らかな優しい西風（ゼピュロス）が吹いていると語られています。この楽園はいわゆる天国といってよいでしょう。

キリスト教の死後の世界

「キリストは再臨し、死者と生者すべてを審判し、その後永遠に支配する」

世界の人口は約七十二億人（二〇一三年）、そのうち約32～33％の約二十二億人はキリスト教徒といわれています。世界で最も信者数の多いキリスト教……最初にその歴史をみてみましょう。

▼キリスト教の歴史

イエス（紀元前四年頃から紀元後二十八年頃）は、パレスティナのユダヤの地、ガリラヤ地方のナザレで育ち、聡明な子だったといわれます。父・ヨセフは、古代イスラエルの王ダビデの末裔でした。当時、洗礼者ヨハネがヨルダン川のほとりで「悔い改め」を説き、洗礼を施していました。イエスはそこに赴き、ヨハネから洗礼を受けたといわれます。

イエスは、自身がユダヤ人で、ユダヤ教の聖書「旧約聖書」を基にしつつも律法を形式的に守るのではなく、「神を愛すること。隣人を愛すること」を説きました。無償の愛（アガペー）こそが神の本意というのです。そのため、古いユダヤ教と対立することとなり、ユダヤ人の長老が支配する最高法院で裁かれて、「神を冒瀆した」としてイエスは処刑されたのです。

イエスは十字架にかけられて息途絶えますが、三日後、墓からイエスの遺体はなくなり、復活したイエスは弟子たちの前に現われて、その場で天に昇っていったといわれます。それを「キリストの昇天」といい、『マルコによる福音書』には「イエスは弟子たちに福音を述べ伝えるよう命じ、信じるものは毒にも倒れず、病気のものを癒す力が与えられると言い終えると天にあげられ、神の右の座についた」と記されています。

その後、ペテロを中心とした弟子たちによって**初代キリスト教会**が設立され、キリスト教が誕生したのです。当初、キリスト教に厳しい態度をとってきたローマ帝国も、信者の増加に伴って、帝国の統治に利用するため、四世紀末には国教と定めました。

一〇五四年には、ローマ教皇とコンスタンティノープル総主教（原始キリスト教では五大総主教の座があり、ローマ、コンスタンティノープルもその座にあった）の相互破門によって「**正教会（東方教会）**」と「**ローマ・カトリック教会（西方教会）**」に分裂しました。

さらに、一五一七年、ドイツの修道士**マルティン・ルターによる宗教改革**が起きます。これは、ローマ・カトリック教会が財政難から「罪を逃れて神の国に入れる免罪符」の販売を行ない、そういった根拠なき教会の権威に異を唱えて破門され、多くの支持者とともにルター派を組織したのです。それをきっかけとして、プロテスタント（抗議する人々）は広がり、聖書の解釈によって、**ルター派**、**カルヴァン派**、**英国国教会**、**ピューリタン**などの教派があります。

キリスト教といっても、このように多様な教派がありますが、いずれの教派も認めている正統教義として、「**神は三位一体**」があります。これは、「神には同一の本質を持ちつつも互いに混同しえない、区別された三つの位格、**父なる神と子なる神（キリスト）と聖霊なる神**がある」ということです。

また、教義を簡潔に述べているものとして「信条（信経）」というものがあり、主流派のほとんどの教派が認めている**ニカイア・コンスタンティノポリス信条**があります。そこには、「キリストは再臨し、死者と生者すべてを審判し、その後永遠に支配する」「死者の復活と来世の生命。キリストの再臨において、すべての死者は審判を受けるべく復活させられる。**信じるものには来世の生命が与えられる。伝統的にキリスト教では、この来世を、永遠、つまり時間的な持続をもたない永遠的現在と解する**」という旨が語られています。

▼カトリックとプロテスタント、それぞれの死後の世界

ただ、カトリック教会とプロテスタントでは、多少とも異なった見方があります。カトリック教会は、聖書と並びローマ法王の教えにも権威があり、マリア崇拝や聖人崇拝もあるとされています。一方、プロテスタントは聖書中心主義で、神父などの聖職者の存在を認めていません。

では、それぞれの死後の世界をみてみましょう。

カトリック教会では、死後は「天国」「地獄」「辺獄」「煉獄」のいずれかの世界に行くとされています。天国と地獄は、前述しましたが（1章17頁参照）、辺獄はイエス・キリストが誕生する前に生まれて洗礼を受けられなかった人や徳の高い人などが赴く世界でリンボともいわれます。ここでは地獄の苦しみはありませんが、神を見ることはできません。また洗礼を受けないで亡くなった幼児には幼児の辺獄があります。煉獄は、キリストを信じても罪を犯し、その償いが果たされていない人が浄化のために行く世界です。

これらの世界は、永遠ではなく、この世が終末を迎えるまでの居場所です。終末のとき、すべての人間は死す、そしてすべての死者とともに復活する。復活したことを信じる者は、再臨したイエス・キリストによって最後の審判が下され、永遠の天国、永遠の地獄へと振り分けられる、とされているのです。

一方、**プロテスタント**では、死はすべての終わりではなく、神のもとに帰る入口とされています。カトリック教会とは異なり、罪を浄化するという考えや、煉獄もありません。死者はこの世を去って神の御手のなかにあるので、死者の霊がさまようという考えがなく、引導や追善供養も行なわれません。葬儀は、死者の供養というより、神の祝福であり、そこに集う者の信仰を深めるためともいわれています。

ただ、カトリック教会と同様、最後の審判があり、不信心者はハーデース（黄泉、地獄）、信者は天国へ行くとされています。

イスラム教の冥界

「現世」と「中間に位置するバルザク」と「復活後の世界」

イスラム教は、キリスト教に次いで信者が多く、世界の人口の約22～23％、十五～十六億人がイスラム教徒とみられています。そのルーツはアラビア語を母語とするアラブ人の間で生まれ、西暦六一四年頃、預言者**ムハンマド**によって成立しました。

ムハンマドは、五七〇年、アラビア半島のメッカで生まれ、隊商貿易で成功を収めますが、男児がみな夭折したことで瞑想にふけるようになりました。ユダヤ教やキリスト教にふれ、四十歳のとき、メッカ郊外のヒラー山の洞窟にこもり、大天使ジャブライール（ガブリエル）から神の啓示を受けました。そして神・**アッラー**の教えを伝道する生活に入ったのです。しかし、貧しい人たちの権利を主張したことでメッカの人たちの反感をかってしまい、信者たちとメディナに移住し、イスラム共同体を形成しました。その後、メディナで多くの信者を得て、メッカ奪還に成功、聖都となりました。

ムハンマドの亡き後、すべての**ムスリム**（アッラーに帰依する者）が認める正統カリフが継承し、第四代目のカリフ・アリーの支持者から「**シーア派**」が生まれ、第五代目のカリフ・ムアウィアからムスリムの大半を占める多数派の「**スンニ派**」が誕生しました。

▼死後の三つの世界

さて、イスラム教は、唯一絶対の神（アッラー）を信仰する一神教で、預言者ムハンマドを通じて人々に下したとされる「**クルアーン**（**コーラン**、以下コーランと記す）」を聖典とします。コーランは全部で一一四章からなり、ムスリムが守るべき信条的、倫理的、行動の規範が記されています。

ただ、コーラン以外に事実上の聖典といえる書物があるといわれています。ムハンマドが神の言葉として語った以外に、自分自身の言葉として述べたものやムハンマドの行動をスンナ（慣習）として尊び、ムハンマド没後に伝承として伝えられた「**ハディース集**」があります。

「**死後の世界**」については、キリスト教と同様、天国と地獄があるとされています。天国は「ジャンナ」といわれ、百ほどのさまざまな種類と段階があり、その人の善行次第で、往くところが決まります。一方、地獄は「ジハンナム」といわれ、何層もあって下にいくほど厳しい地獄がまっています。

また、「バルザク」という冥界があります。バルザクとは、中間の状態を意味しており、魂が肉体から離脱して、最後の審判が下されるまで滞在する場で、土の下の世界を意味するといわれています。「コーランには人間は三つの異なる状態の世界に存すると記されている」と日本最古のイスラム教団・日本アハマディアムスリム協会のナレッジサイトで述べられています。それによると、三つの世界とは、**「現世」「現世と復活後の世界の中間に位置するバルザク」「復活後の世界」**です。

死後、魂は消滅してしまう肉体から離脱してバルザクの状態となり、現世での行動の善悪の報いや罰を受けるために、新しい肉体を一時的に与えられます。この肉体は泥でできた、滅びてしまうものではなく、現世での行動によって異なり、明るいものや暗いものがあるというのです。第三の復活後の世界（来世）では、すべての魂は善悪、美醜にかかわらず、目に見える肉体を与えられます。復活の日、すべての人間は神の存在を知る、とあります。

来世については、「死後の世界は新しいものではなく、現世のイメージであり、そのもっともはっきりしたものでしかない」「天国と地獄は、この世での人間自身、精神生活のイメージとそれがはっきりしたものにすぎない」、つまりこの世での行動の投影にほかならないということです。

ヒンドゥー教の他界

カースト制度と輪廻思想

仏教の源流となったインド土着の民族宗教であるヒンドゥー教……そのルーツはバラモン教にあります。**バラモン教**は、紀元前十三世紀頃、アーリア人がインドに侵入し、先住民族であるドラヴィダ人を支配する過程で形作られたとされています。「バラモン」とは司祭階級を意味する言葉であり、祭祀を通じて神々とかかわり、**宇宙の根本原理ブラフマン**に近い存在とみられていました。

バラモン教は「**ヴェーダ**」を聖典とし、天・地・太陽・風・火などの自然神を崇拝し、バラモン（司祭階級）が行なう祭式が中心となります。また、この世で行なった行為（業＝カルマ）がもととなって、次に生まれ変わる世界が決まるとされ、**輪廻転生**の思想がありました。

さて、紀元前五世紀頃、バラモン教の祭儀重視に批判的な**仏教**と**ジャイナ教**が成立、仏教はアショーカ王の帰依などにより隆盛となりました。そういうなかでバラモン教は変貌をせまられ、インド各地の土着宗教を受け入れて**ヒンドゥー教**へと変化していったのです。

紀元後四～五世紀には、仏教を凌ぐようになり、インドの民族宗教として広まっていきました。いまでは、**世界で三番目に信者数が多く**、世界で約九億人のヒンドゥー教徒がいるとされています。

ヒンドゥー教は、**多神教**であり、地域や所属する集団によってもさまざまな信仰のかたちがあり、インド憲法ではヒンドゥー教から分派したと考えられるジャイナ教や仏教なども広義のヒンドゥー教とされているようです。近世の教義では「**三神一体**」であり、「**ブラフマー**（世界創造の神）」「**ヴィシュヌ**（世界維持の神）」「**シヴァ**（創造と破壊の神）」の三つの神が中心となっています。

ヒンドゥー教の特徴として、「**四住期（アーシュラマ）**」という概念があります。これは、そもそもはバラモン教で成立したもので、人生を次のように四つの住期に分けて、解脱を最終目標とした理念的な人生区分です。なお、この概念が適用されるのは、**カースト（身分制度）**の「バラモン（神聖な職に就いたり、儀式を行なうことができる人）」「クシャトリヤ（王や貴族など）」「ヴァイシャ（製造業などに就ける人たち、市民とも訳される）」であり、「シュードラ」といわれる広い意味の大衆と女性は含まれていません。

①学生期
就学期間、本来は師のもとで聖典のヴェーダを学ぶ時期。

②家住期

家族を養う時期であり、男子を育てて先祖の祭祀を絶やさないことが重要。

③林住期

解脱に向けた段階に入り、家長は家を離れて森林に隠棲して修行する。

④遊行期

住まいを捨てて遍歴行者となり、解脱を目指す。

▼生命循環の思想

また、「**輪廻（サンサーラ）**」が教義の根幹となっています。輪廻とは、仏教にもある考え方で、車輪の回転のように生と死を繰り返すという生まれ変わりのことですが、ヒンドゥー教では**信心と業（カルマ）によって来世が決まる**とされています。業とは、本来「行為」の意味があり、「**ウパニシャッド**（ヒンドゥー教の聖典のひとつで紀元前七〇〇年頃のもの）」にその思想が現われ、中国や日本の思想に影響を与えました。つまり、来世は、前世（この世）の業によって決まる……因果応報ということです。

輪廻説の古くは、**水を生命原理とする思想**に基づいているといわれます。水は、天界から雨となって地上に降り、植物を育て、穀物を実らせ、それらが食べられて母体内に入って、新たな生命が誕生します。また、人は死んで火葬にされると、水分は煙となって天上に昇っていく、このように**生命の循環**が成り立っているというのです。

そういう考え方から、ヒンドゥー教では河川崇拝があり、**ガンジス川**は水そのものがシヴァ神の身体を伝って流れ出た聖水とされています。葬儀では、人が死ぬと火葬にされますが、死者はその火とともに天に昇っていくとされ、遺骨はガンジス川に流されるなど自然に戻されることが多いようです。

原始仏教と「死後」の世界

釈迦の生涯、悟り、入滅後の教団

「仏教の開祖はお釈迦様」とわかる人は多くても、お釈迦様ってどういう人？をはじめ、ひとくちに仏教といっても、原始仏教（初期仏教）、小乗仏教、大乗仏教と多様な姿があること、そしてそもそも仏教に「死後」とか「輪廻」という考えがあるのか、という問いにいたるまで、意外に仏教のことは知られていません。

▼釈迦の「悟り」まで

最初に、仏教の開祖「**釈迦**」についてみてみましょう。

釈迦の正式な名称は、**ゴータマ・シッダッタ・ブッダ**といいます。ゴーダマは釈迦の属していた氏姓の名、シッダッタは幼名、ブッダ（仏陀）は真理を悟った人という意味です。ただし、称号を付け加えて、**釈迦牟尼**（しゃかむに）、**釈迦牟尼世尊**、**釈迦牟尼仏陀**といわれたり、**釈尊**、**釈迦如来**、**仏陀**、**ブッダ**、**世尊**などと呼ばれることもあります。仏典ではこのほかにもたくさんの名で表わされますが、代表的な呼称は十ほどとみられています。

釈迦は、紀元前五〜七世紀頃（四六三年説、四六六年説、五六六年説、六二四年説など多様）、インド大陸の北方にあった十六大国時代の一つコーサラ国の部族・小国シャーキャ族の王・スッドーダナ（漢訳名は浄飯王［じょうぼうのう］）の王子として生まれました。伝説では、誕生直後に七歩あるいて右手で天を指し、左手で地を指し、「天上天下唯我独尊（自分一人が尊い存在）」と宣言したといわれています。

幼少の頃は、恵まれた環境のなかで学問を習得し、頭脳明晰で運動能力にも優れていました。ただ、感受性が強く、母マーヤーは釈迦を産んで間もなく亡くなったことも影響して、人生の問題に思い悩むようになりました。

ある日、釈迦は馬車に乗って城の東門から外出し、髪の毛が真っ白で背中が曲がった年寄りと出会いました。「この人は何者だ？」と御者に訊くと「老人というものです。かつては若かったのですが、衰えてよぼよぼとなり、やがて死ぬ運命にあります」という答えが返ってきました。

またある日、城の南門から外出すると、顔色がわるく痩せた人に出会いました。「この人は何者だ？」「病人です」。別の日に西門から外出すると、葬式の列に出会いました。「これは何だ？」「死人というものです。生きるものはみんな死の苦しみから逃れることができません」。別の日に北門から外出すると、剃髪して歩く者に出会いました。「この人は何者だ？」「出家修行者というものです」。釈迦は馬車から降りて、出家修行者に尋ねました。「出家すると何かいいことがあるのか」「私は生老病死の苦しみを見て無常を知りました。そこで出家して、その苦を超越しようと修行に励みました。おかげで涅槃を得ることができました」。

これは四門出遊（しもんしゅつゆう）の故事ですが、そのことにより釈迦は出家を決意したと伝えられています。そして、二十九歳のとき、城を出て出家をしたのです。釈迦は、当時、文化の中心地だった隣国のマガダに行き、二人の師の門をたたいて教えを請い、忘我の境地に至る修行を積みましたが、心身を極度に消耗するだけで、真実の道を得ることができませんでした。

あるとき、ガンジス川の支流、ネーランジャラー川のほとりの村に入って沐浴し、村の娘に牛乳で作ったおかゆの布施を受け、体力と気力の回復をはかりました。そこから近くのブッダガヤーの地に移って、菩提樹の木の下で座して瞑想に入りました。そして、ついに**悟りを開いてブッダとなった**のです。釈迦が三十五歳のときでした。

▼悟りの内容と釈迦の入滅、教団の分派

釈迦は、悟りの内容を世間の人々に語り伝えるべきか、躊躇しました。ところが梵天が現われて、衆生に説くようにうながされ、ブッダガヤーから二〇〇キロ離れたヴァーラーナシーに行き、はじめて五人の求道者に説法をしました。そこで説いた教えは「**四諦八正道**（したいはっしょうどう）」であり、仏教の核心ともいえるものです。つまり、次のような**四つの真理**があるということです。

①人生の実相は苦であるという真理（苦諦）
②苦には原因があり、煩悩であるという真理（集諦〈じったい〉）
③苦を滅することができれば理想の境地に至るという真理（滅諦〈めったい〉）
④苦を滅するには八正道（はっしょうどう）という実践の道があるという真理（道諦〈どうたい〉）

なお、八正道とは、「正しく見る（正見〈しょうけん〉）」「正しく思う（正思〈しょうし〉）」「正しく語る（正語〈しょうご〉）」「正しく振る舞う（正業〈しょうごう〉）」「正しく暮らす（正命〈しょうみょう〉）」「正しく努める（正精進〈しょうしょうじん〉）」「正しく念ずる（正念〈しょうねん〉）」「正しく精神統一する（正定〈しょうじょう〉）」です。

五人の求道者は釈迦に弟子入りして悟りを得て、「比丘（びく）」と称し、ここに**仏教の教団が誕生**したのです。その後、多くの信者を得て、教団は発展しました。

釈迦の入滅は八十歳のときといわれ、その前の一年間の釈迦については「**大般涅槃経**（だいはつねはんぎょう）」や「**長阿含経**」の中の「遊行経」などの記録で語られています。

それらによると、釈迦はアーナンダやアニルッダなどの弟子を連れて、最後の旅に出ました。あるとき、ヴェーヌヴァ村で雨安吾（うあんご、一定期間、一カ所に安住して修学に専念すること）を送る日々のなかで、激しい痛みを伴う重病にかかりましたが、激痛に耐えて回復しました。アーナンダは「尊師さま、涅槃に入られる前に教えを説いてください」とつぶやきました。釈迦は「私はもう、あらゆる教え（法）を説きました。師が拳を握って何かを隠すようなことはありません。もう語るべきことはないのです。自らを灯明とし、自らを依拠として、法を灯明とし、法を依拠として、他を依拠とすることのないように」と訓戒しました。

「自らを灯明とすること、法を灯明とすること」とは、「身体について、感覚について、心について、諸法について……（それらを）観察し、熱心に、明確に理解し、よく気をつけていて、世界における欲と憂いを捨て去るべきである」として、四念処（四念住）の修行を実践するように説いたのです。これは、よく知られる**「自灯明・法灯明」**の教えです。

その後、ヒラニヤヴァティー川のそばの都市・クシナガラに着いたとき、釈尊は動けなくなりました。沙羅双樹（しゃらそうじゅ）の間の床に釈迦が横たわってとき、シャーラ樹の花が満開になりました。師の逝去が近づいたことに涙を流すアーナンダに、釈迦は呼びかけました。

「嘆き悲しんではいけません。愛する者ともいつかは別れなければならないこと、生まれた者はすべて滅びることがあることとは、いつも教えていたことです」。そして、自分の亡きあとのために「教えを説いてくれた師はいないと思ってはいけません。私の肉体は滅びても、私の教えは永遠に生きている。私の説いた真理（法）と戒律、これらがあなたたちの師となるでしょう」とアーナンダに教え聞かせました。

最期に「弟子たちよ、すべての事象は移り過ぎ滅び去ります。怠らずに精進して修行を完成させなさい」と語り、入滅したのです。

釈迦入滅後、弟子たちは師の偉大さをあらためて認識し、北インド各地で積極的な伝道を行ない、しだいに弟子や信者が増えていきました。しかし、仏教教団の信者が増えるとともに、教団の規律についての解釈で新たな主張をする弟子も現われてきました。

釈迦の入滅から百年ほど経った頃、保守的な上座部（長老派）と進歩的な大衆部に仏教教団は分裂してしまいました。ときとともに多くの分派が生まれ、**上座部は小乗仏教となって東南アジアに広まり、大衆部は大乗仏教となり中国や日本に伝った**のです。

▼原始仏教に関する研究

さて、このように部派に分裂する前の仏教を一般に「**原始仏教**」といいます。この原始仏教をみることは、本来、開祖の釈迦がどのようなことを説かれたのかを知るためにも意味のあることです。

釈迦の生涯と弟子たちの生涯、ならびに教団（サンガ）の形成史を明らかにしようという「原始仏教聖典資料による釈尊伝の研究」が、宗教法人立正佼成会の一機関である中央学術研究所の事業の一端（委託研究）として、一九九二年から始められました（研究代表者は東洋大学名誉教授の森章司氏）。

それによると、原始仏教聖典と呼ばれるものは、南方の仏教徒が使っているパーリー語で書かれた経蔵と律蔵、中国で漢訳された経蔵に相当する阿含経と四分律、五分律などという律蔵が該当します。パーリーの経蔵と律蔵に含まれる経の数は約六五〇〇経ほど、漢訳を加えると一万五〇〇〇ほどになるとみられます。

これらには、釈尊が「どこで」「誰に」「どのような法を説かれた」ということが書かれている、つまり釈尊の言行録といってもよいものなのです。ところが、「日付」の部分が失われており、それゆえ釈尊の完全な伝記が出されていないということです。

▼釈迦が回答・言及を避けたことがある？

また、研究代表者の森氏は、「死後・輪廻はあるのか――『無記』『十二縁起』『無我』の再考」という論文をまとめています（「東洋学論叢」二〇〇五年、第30号）。そのなかで、現代日本の仏教学者たちの中には、仏教の説く輪廻や死後は単なる俗説で、それは真の仏教の教えではないとする人たちがいると述べています。

たとえば、「衆生の死後における有無が、仏教の勝義の立場からは、無記であるといふことは、釈尊が勝義の立場では輪廻を積極的に肯定されなかったことを示してゐる」（船橋一哉『業の研究』一九五四年、法蔵館）

「（無記説を紹介したあとで）釈尊は見事な比喩によって、青年に、形而上学的な問題に、熱中することの危険を教えられたわけである。だから我々も、死後の世界があるのか否か、といった哲学的論議にかかずらうことをやめるべきである。……現代日本人の千人中九百九十九人までが、極楽や地獄の実在を否定するにちがいない。それはそれでいいのだと私は思う」（ひろさちや『仏

教のことば・考え方』一九七九年)

ここで述べられている「**無記**」とは、**釈迦がある問いに対し、回答・言及を避けたこと**で、仏教経典に回答内容を記せないため「無記」といわれています。無記にも十無記、十四無記などがあり、十無記とは、次のような問いに釈迦は無言だったということです。

・世界は永遠であるのか、世界は永遠でないのか
・世界は有限であるのか、世界は無限であるのか
・生命と身体は同一か、生命と身体は別個か
・修行完成者(如来)は死後、存在するか
・如来は死後に存在しないか
・如来は死後に存在し、かつ存在しないか
・如来は死後に存在するのでもなく、かつ存在しないでもないか

もちろん、死後の世界や輪廻を仏教の教えとして認める学者も多数います。たとえば、「すでに初期の仏教において輪廻を説いていたし、また輪廻の道(magga)をも考えていたようである。経蔵の末期においては、積極的に輪廻の主体を想定する思想が、仏教徒の主張として表明されている。その代表的なものは『パーヤーシ経』である」と、中村元氏は著書『原始仏教の思想Ⅰ』(春秋社、一九九三)で述べています。

仏教に死後や輪廻があると認めるか否か……学者によって異なる説があるとしても、実は、その論拠となった原始仏教聖典そのものにも議論があるのです。これらの経典は後世になってつくられたものであり、釈迦自身の教えや原始仏教の教義がどれだけ正確に書かれているか、その真偽も含めてわからないのです。

今後の研究によって、もともとの仏教における「死後の世界」のストーリーは明らかになるのでしょうか。

Ⅱ　科学や哲学、死生学などのとりくみ

人はどうして死ぬのか

死の定義はないが、細胞レベルでの「死」を考えてみる

日本で一年間に亡くなる人の数は、一二六万八四三六人、実に二十五秒に一人の割合で死亡しているのです（「人口動態統計」平成二十五年度、厚生労働省）。死亡の原因は、一九八一年に脳血管疾患を抜いて第一位にのぼった悪性新生物（がん）をトップに、心疾患、肺炎、脳血管疾患と続きます。かつては、「がん、心疾患、脳血管疾患」が三大死因でしたが、超高齢社会になるとともに、近年、肺炎が死因の上位に入りました。

▼脳死の問題

では、どのような状態になったときを「死」とするのでしょうか。実は日本の法律では「死亡」の明確な定義はなく、医療の場では旧来から「**死の三兆候**」で死の判定を行なっています。三兆候とは、「**自発呼吸の停止**」「**心拍の停止**」「**瞳孔の散大（開く）**」です。

ところが、「臓器移植」の問題から「**脳死**」という新たな死の判定が出てきました。臓器の移植

によって助かる生命があり、そのニーズが高まるとともに、アメリカでは、新鮮な臓器を使いたいという声が高まりました。そこで意識の有無を生死の線引きにして「脳死」という概念を用いることを主張する医師たちが現われ、国内外でさまざまな議論を生んで論争になったのです。たとえば、脳のどこが死んだ段階を脳死とするのか、脳死でも心臓は動いており、人の死としてよいのか等々。

ただ、日本では一九九七年六月に「**臓器移植法**」が成立し、臓器の提供は「本人が脳死判定に従う意思と臓器提供の意思を生前に書面で表示している。家族が脳死判定と臓器提供を拒まない」という条件で認めると定められました。つまり、「脳死も死の一つとして認める」という立場に立ちながら、同意しない者に対しては強制しないことになっているのです。

外国では、アメリカ、オーストラリア、デンマーク、スウェーデンなどでは法律で脳死を人の死ととらえています。ベルギーやフランス、カナダでは法律によって規定せず、医学会や医師会によって脳死を人の死とみています。

そもそも、生と死の線引きはむずかしいのです。前述の「死の三兆候」の後でも、身体の細胞は生きており、脳死の後でも筋肉は生き続けているといわれ、果たして「死の瞬間」が存在するのか……明確にはできないのが実情です。

▼「生」を維持させるための「死」

ここでは、人間の生と死について、**生物学の視点**からみてみましょう。

人間の身体は、小さな細胞からできています。そもそも受精卵という一つの細胞から始まり、細胞が分裂して増殖し、人の身体を作っていきます。皮膚も口の中の粘膜も、血液もみんな細胞でできているのです。私たちの身体には約六十兆個の細胞があり、それぞれに大切な役割を担っています。たとえば、皮膚の細胞は、身体の中と外とを隔てるバリアとしての役割をもっています。

細胞は身体を作って生命を支える一方で、死とも深くかかわっています。**細胞には二種類の死**があります。一つは**「ネクローシス」――細胞の事故死**ともいわれ、「壊死」とほぼ同じ意味です。たとえば、感染や化学的損傷、血流の減少など、外部の環境の変化によって細胞が仕方なく死んでいくということです。なお、細胞死は一瞬で起き、死んだ細胞は十分ほどで免疫細胞が食べつくして痕跡は残らないそうです。

もう一つは**「アポトーシス」――自ら死を選択する自発死**であり、人は生まれた瞬間に死のプログラムが埋め込まれているといわれています。たとえば、ウイルスが感染して異常な細胞があるとして、その細胞に「死になさい」という命令が来て、細胞の中のp53遺伝子（ＤＮＡが傷ついたときに細胞の増殖を止め、そのＤＮＡの修復が不可能なときには細胞を自殺させる役割がある）を活性化し、自爆してしまうのです。死の実行は、生命の源であるＤＮＡが短い単位に切断され、細胞が小型のアポトーシス小胞と呼ぶ構造に分解されて死に至るといわれています。つまり、**「死の遺伝子」**があるということです。

この細胞死は、実は「生を支える」ためなのです。よく例に出されることとして、胎児の手が出来上がっていくプロセスがあります。最初に、手のもととなる小さな膨らみができて、それが伸びてシャモジのような形になります。そして、指が生えるのではなく、指の間に相当するところの細胞がアポトーシスすることにより、5本指ができるということです。

また、身体の中にできたがん細胞やウイルスに感染した細胞のアポトーシスもあります。つまり、**私たちの身体（個体）を維持させていくために細胞の死がある**ということです。私たちの身体の中では、常にアポトーシスが起こって細胞が死んで、新しい細胞と入れ替わっていますが、再生系の細胞の分裂・増殖とアポトーシスを繰り返すことも限りがあります。限界に達すると、傷ついた細胞はそのままとなり、臓器の機能が停止する……死のスイッチが入り、個体の死が訪れるのです。ただ、生命の流れは、生殖細胞によって遺伝子情報が伝えられることにより、途絶えることはありません。

このようにみてくると、死とは、新しい生命を生むためでもあり、あらかじめプログラムされたものといってよいのではないでしょうか。

死後の世界はある vs 死後の世界はない

臨死体験や立花隆氏の研究など

「死後の世界」はあるのか、ないのか……臨死体験も含めて、さまざまな説や体験談が報告され、大きな議論が繰り返されてきました。死の間際に一定の人が見るという臨死体験――まばゆい光に包まれて、家族や友人に出会ったり神に出会ったりする不思議な体験――は、脳科学の進展とともに、脳内現象として科学で説明できるという説、肉体は滅んでも魂は存在し続けるという説が相容れないまま、今日に至っています。

古の時代から各民族が信じてきた「あの世」「来世」、仏教でいわれる輪廻思想、キリスト教やイスラム教での天国と地獄も、それらの存在の真偽はわかりません。

ただ、すでに亡くなった親や祖父母、親しい人が「お迎え（7章155頁参照）」にきて天国に往く、「あの世」があり、会いたかった人と出会うことができる……そう信じて死が怖くなくなり、穏やかな心になるなら、死後の世界を信じることを否定する必要はないと思います。

ここでは、死後の世界があるかないかの真偽を問うのではなく、それぞれの説を紹介します。読者のみなさんが自由に判断してください。

▼死後の世界は存在するという説

霊魂の重さ

二十世紀初頭、ドイツの医師団は、死期が迫っている患者さんを精密な体重計に横たえて測り、死亡直後に再度測りました。すると約三五g、体重が減少していました。似たような実験は、いくつか行なわれています。やはりドイツの科学者七人のグループは、霊魂測量装置を開発、人間が死んだときに肉体から脱け出していく水分やガスなどの物質の発生量を測定しました。重量変化を出したら約三五～六〇gあり、それが霊魂の重さだと発表しました。

また、アメリカのマサチューセッツ州立大学病院長のマグドーガル教授は、数十人の患者さんの臨終時に体重を測定したところ、三四～三七g減少していたと報告しました。もし、身体の水分の蒸発ということであれば、体重減少は緩やかに起きるはずで、三五～六〇g軽くなるというのは、何かしらの物質が出ているとみることはできるといいます。

エベン・アレクサンダー医師の死後の世界

アメリカでベストセラーとなった『プルーフ・オブ・ヘヴン――脳神経外科医が見た死後の世界』の著者、エベン・アレクサンダー医師は、二〇一三年、「死後の世界は存在する」と発言して、大論争を巻き起こしました。

エベン医師は、アメリカやイギリスの大学病院で臨床医として数々の脳外科手術を手がけ、その後、世界でトップクラスといわれるハーバード・メディカル・スクールの脳神経外科に在籍。多数の論文を発表して研究者として知れ渡り、アメリカのベストドクターに選ばれた経歴もあります。父も脳神経外科の医師で、エベン医師は幼い頃から科学で証明できないものは信じない子だった、それゆえ死後の世界の存在を否定していました。

そのエベン医師は、なぜ、「死後の世界は存在する」と発言したのでしょうか。

実は、エベン医師が五十四歳のとき、細菌性髄膜炎で昏睡状態となり、救急センターに運ばれたのです。細菌性髄膜炎とは、細菌が脳や脊髄を包む髄膜に感染して脳を攻撃する恐ろしい疾患で、エベン医師は悪性度の高い大腸菌に冒され、致死率は90％でした。昏睡状態が続き、あと十二時間までに回復の兆しがみえなければ抗生剤を打ち切ると告げられ、タイムリミットが訪れようとしたとき、エベン医師は目覚めたのです。

エベン医師は、昏睡状態にあったとき、「死後の世界」を見たと語ります。それは、「闇でありながら視界が利く不思議な世界。遠くから響いてくる深い音と振動、グロテスクな生き物たちが吠え立ててくる。上方の暗がりから現われたのは、美しい光、その光の真ん中に隙間が開いたと思った瞬間、美しい世界が現われ、その上空を飛んでいた。すると、見知らぬ美しい女性が現われ、エベン医師に帰るように促した。

その後、飛び続け、大きな雲に到着し、さらに進むと、暗闇だけど安心する場所だった。その後、三つの世界を行ったり来たりし、これ以上進めないとわかったエベン医師は降下し始め、病室でエベン医師のために祈る妻たち五人の顔を見た。そこで、帰らなければと思い、蘇生した」ということです（「ビートたけしPresents奇跡体験！アンビリバボー」［フジテレビ、毎週木曜日放映］での独占取材のサイトを参考）。

エベン医師が回復してから調べると、昏睡状態にあった七日間、脳の大部分は機能停止の状態でした。**臨死体験**は、脳の錯覚という説があります。脳からは死の直前にエンドルフィンという物質が放出されますが、大量に分泌されると幻覚を見るのと同じ状態になるのです。ただ、エベン医師の脳は認識などを司る大脳皮質が機能していない状態だったため、脳内で起きたことを認識することは不可能でした。

エベン医師は、あらゆる可能性を消去した結果、「死後の世界は存在する」と確信したと語っています。

心停止の状態から蘇生した人の4～18%は臨死体験を報告するといわれ、その体験には次のような一定のパターンがあるとみられています。

①死の宣告が聞こえる
②穏やかさと心のやすらぎを感じる

③不思議な声や音が聞こえる
④暗いトンネルのような筒状の中を通る
⑤物理的肉体を離れる（体外離脱）
⑥死んだ親族などと出会う
⑦光の生命（神や自然光）に出会う
⑧自分の過去の人生が走馬灯のように見える
⑨境界、死後の世界との境目を見る
⑩蘇生（生き返る）

▼死後の世界は存在しないという説

ホーキング博士の「天国も死後の世界もない」説

スティーブン・ホーキング博士といえば、一九六三年にブラックホールの特異点定理を発表したことで知られる理論物理学者です。二十一歳のときにＡＬＳ（筋委縮性側索硬化症）という進行性の神経疾患と診断され、「車椅子の物理学者」としても知られています。

二〇一一年五月、ホーキング博士の発言が世界中で物議をかもしました。イギリスの新聞「ガーディアン」のインタビューで次のように語ったのです。

「私は、人間の脳はその構成要素が働かなくなるときに動作を停止するコンピューターであると見なしている。壊れたコンピューターにとって天国も死後の世界もない。それは闇を恐れる人々による作り話である」

この発言に、国内外からさまざまな意見があり、とくに宗教界からは批判を浴びました。実は、その前年（二〇一〇年）に刊行した『ホーキング　宇宙と人間を語る』では、「量子力学に重力の理論を組み合わせた最新の研究成果から偶然の一致に見える現象は『創造主なしで説明は可能』『宇宙の誕生に神は不要』」と主張し、宗教界から批判を浴びていたのです。

また、ホーキング博士は、宇宙と人類は偶然と自然発生的に生じた創造により形成されてきた、人格を持たない神が、ただ物質が存在する理由づけの証拠のために存在しているとみなしています。

このようなホーキング博士の論に対して、宇宙物理学博士で信仰を持つ理由について研究しているジェフェリー・ズェーリング博士は、「ホーキング博士の考えの根本的な欠陥は、神は人格を持たないのに、私たち人類は人格を持っていると考えているところにある。私たちの中には精神があり、霊が存在している。そして、人類の精神の発展を受け継いで存在している。もし、私たちが私たちの精神や物理法則よりも劣る完全に非人格的な魂から人格を与えられたとしたら、なぜ非人格的なものが人格というより優れたものを作り出すことができるのか」と反論しています。

大槻義彦氏「なぜ生まれる前を問題にしないのか」

物理学者であり、早稲田大学名誉教授の大槻義彦氏は、臨死体験を脳内現象のひとつと解釈しています。大槻教授は、「火の玉（プラズマ）」の物理学的研究の第一人者です。一九九〇年、電磁波で火の玉を作ることに世界で初めて成功、それまで心霊的現象とされてきた火の玉を科学現象として証明しました。

大槻教授は「死後の世界を論じる人々が、なぜ『生まれてくる前の世界』を問題にしないのか」と指摘し、「このこと自体が、死後の世界の想定イコール死の不安を解消する行為、であることの状況証拠」であると語っています（原出典は『ダ・ヴィンチ』一九九五年三月号、本書では『死後の世界』別冊宝島、二〇一三を参考）。さらに、仮に死後の世界が存在するならば「超伝導量子計測器など、地球の磁気変動の1億分の1のさらに1万分の1の微細な動きを測定できる最新機器に、そうした世界の『何か』がひっかかったことがない」ことを理由に、臨死体験を神秘化することに異を唱えています（『死後の世界』別冊宝島）。

▼立花隆氏の「臨死体験　死ぬとき心はどうなるのか」

一九九一年、NHKスペシャルとして、知の巨人といわれる立花隆氏が取材した「臨死体験」が放映されました。立花氏は、一九九四年には『臨死体験』を著し、日本における臨死体験ブームを生んだともいわれています。

二〇一四年九月十四日、新たな臨死体験の掘り起こしとともに、そもそも「意識（魂）」と呼ばれているものの正体とは何か、最新の脳科学、心理学を追って「生と死」の世界に迫る「立花隆思索ドキュメント　臨死体験　死ぬとき心はどうなるのか」が放映されました。視聴率は約11％を獲得、放送直後から再放送の要望が多数寄せられ、立花氏の事務所にも多数の手紙が寄せられているそうです。

その番組から、人が死に向き合ったとき、脳や心はどうなるのか、要点を紹介しましょう。

立花氏は、死の間際の脳の働きを探るため、ミシガン大学のジモ・ボルジギン博士を訪ねました。ボルジギン博士の研究では、普通では計測できない脳活動を特別な方法で計測すると、ラットは心停止後も脳波が記録されていました。この研究は、二〇一三年に米科学アカデミー紀要に掲載されました。それによると、「心停止してから三十秒間にわたり脳の活動が急増し、精神状態が非常に高揚している」とのことです。このことから、**心停止などで死の淵に立った人が語る臨死体験を説明する科学的な枠組み**が提供できたと、ボルジギン博士は語っています。

死の間際に脳が活動するとして、なぜ、臨死体験者は似たような光景や幸福感を語るのか――立花氏は心のメカニズムに踏み込み、ノーベル医学生理学賞を受賞した利根川進氏を訪ねました。利根川氏は、マウスに「偽の記憶（フォールスメモリー）」を植え付ける実験を行ない、人間にもフォールスメモリーは起こりうると語ります。人間は豊かな想像力を獲得したゆえに、フォールスメモリーを作る危険性を背負ってしまったと指摘しました。つまり、私たちが真実と思いこんでいることが、実は思い込みなどで合成されたフォールスメモリーである可能性があるということです。

立花氏は、さらに心の最大の謎**「意識」の正体**に迫り、ウィスコンシン大学の神経科学者、ジュリオ・トノーニ教授の「意識の統合情報理論」を紹介します。その理論とは、蜘蛛の巣のように複雑なネットワークをもつシステムであればどのようなものでも意識が宿り、神経細胞は起きているときだけ複雑なつながりをしている、それゆえ、人が死ねば脳のネットワークは消え、「心も消える」ということになるのです。

最後に、なぜ、人は死ぬときに神秘を感じるのか、という謎を探るために、ケンタッキー大学のケヴィン・ネルソン教授を訪ねました。ネルソン教授によると、神秘的な感覚は脳のなかの辺縁系（情動・意欲、記憶などに関与している領域）で起こる現象とのこと。**死の間際、辺縁系の働きによって眠りのスイッチとともに覚醒のスイッチを入れ、白昼夢を見ている状態となり、幸福感で満たされる**ということです。そして、神秘体験は、人間の本能に近い現象ではないかと指摘しました。

番組の最後で、立花氏は、次のようなコメントを述べました。

「取材を終えて、私が強く感じていることは、『死ぬということがそれほど怖くなくなる』ということです。人間の心の平安を乱す最大の要因は、自分の死についての想念です。しかし、いまは心の平安を持って自分の死を考えられるようになった。結局、**死ぬというのは夢の世界に入って**

いくのに近い体験だから、いい夢を見ようという気持ちで人間は死んでいくことができるんじゃないか。そういう気持ちになりました」（『週刊文春』二〇一四年十月三十日秋の特大号の記事「立花隆 死は怖くない」より）

死についての想念こそ、人の心を不安にして、死を恐れる……その言葉に共感し、「死ぬのが怖くなくなった」という立花氏の言葉に心が楽になった人も多かったのではないでしょうか。

▼宗教は信じないが、あの世は信じる？

統計数理研究所では、一九五三年以来、五年ごとに「日本人の国民性調査」を実施しています。そのなかで、「宗教」の分野において「**あの世を信じるか**」という項目があります。

同項目は、一九五八年、二〇〇八年、二〇一三年に調査を行ない、次のような結果が出ました。

一九五八年	信じる／20％	どちらとも決めかねる／12％	信じない／59％
二〇〇八年	信じる／38％	どちらとも決めかねる／23％	信じない／33％
二〇一三年	信じる／40％	どちらとも決めかねる／19％	信じない／33％

また、「**宗教を信じるか**」という項目では、二〇〇八年と二〇一三年に調査を行ない、次のような結果が出ました。

二〇〇八年　（宗教を）信じる・持っている／27％　　信じていない・持っていない／73％
二〇一三年　　　　　　信じる・持っている／28％　　信じていない・持っていない／72％

日本は、無宗教の人が多いといわれています。調査会社のピュー・リサーチ・センターの報告では、日本の無宗教者数は人口の57％、七二一二万八〇〇〇人とされています（二〇一〇年現在）。ただ、無宗教は無神論を意味するのではありません。無宗教とは、特定の宗教を信仰しない、もしくは信仰そのものを持たないという立場をとることといわれています。神などの存在を必ずしも否定するわけではなく、習慣的に宗教的な行為をしている人も多いといわれます。自身が仏教徒と思っていなくても、お墓参りをしたり、仏壇で手を合わせる人も多いでしょう。

ただ、上記の調査では、近年、「あの世を信じる」という人が増えているという実態がわかります。物質的に豊かな社会となるとともに、モノではない精神の豊かさを求めてスピリチュアルな世界を想うゆえの現象なのでしょうか。

医学や科学、さまざまな技術が発展する一方で、先の見えない不安や閉塞感におおわれる現代社会のなかで、目には見えないけれど信じたい心のよりどころなのでしょうか。

死ぬときは苦しいの？

「お迎え現象」は何を意味しているのか

「優作が迎えに来た……」

二〇一一年に上行結腸がんによる肺炎のために亡くなった俳優の**原田芳雄**さんは、亡くなる数日前に病床でそんなうわごとを口にしました。

「優作」とは、本当の兄弟のような付き合いをしていた俳優の松田優作さんのこと。松田優作といえば、刑事ドラマ「太陽にほえろ」のジーパン刑事、アクションスターとして知られた俳優ですが、膀胱がんで三十九歳という若さで逝去。告別式で原田さんは「俺はいままでお前が死ぬところを何度も観てきた。その度にお前は生き返ってきたじゃないか。役者なら生き返ってみろ、生き返って出てこい！」と愛情と悲しみをこめた弔辞を述べたそうです。そんな兄弟愛に満ちた関係だったからこそ、優作さんがあの世からお迎えにきたのであり、原田さんも安心して旅立つことができたのでしょう。

▼お迎え現象

このように、**最期に、親しい人がお迎えにくるという話**は数多くあります。

たとえば、五十五歳の男性は、死の数日前、「親父が夢の中に出てきた。あの世で親父に会えると思うと楽しみだ。いままでは死ぬのが怖いと思っていたけど……」と語りました。

肺がんで亡くなった七十代の女性は、亡くなる五日前、娘にとても幸せそうな表情をして「お友達がきたのよ」と話しました。その友達とは、七年前に亡くなった親友でした。それ以来、女性は心が落ち着き、穏やかに旅立っていきました。

また、「**臨死体験**」をした人も「お迎え」があったと語る人が多いのです。

四十代の男性は、心筋梗塞で倒れ、危険な状態になりました。

「ひとりで真っ暗闇のなかにいた自分……出口を探して歩き続けていると、前のほうから十年前に死んだ母親が手招きしている。うれしくなって『おかあさん』と呼んでも、何もいわずに笑っているだけ。母親のところへ行こうとしたとき、後ろから『お～い』と呼ぶ声がして、後ろを振り向いた瞬間、稲妻のような衝撃が身体のなかを駆け抜けていった」

男性が目をあけると、家族が心配そうに見守っていました。

このように、死に直面したとき、すでに亡くなった親しい人に出会うという神秘な臨死体験の話も数多く残されています。たとえば、カーリス・オシスとエルレンドゥール・ハラルドソンらがアメリカで一九五九年に行なった調査では、死に瀕した三万五五四〇人の患者さんのうち、一三一八人はその直前に何らかの人の姿を見て、医師や看護師に話していたのです（『人は死ぬ時何をみるか―臨死体験1000人の証言』日本教文社、一九九一）。そういった調査・研究から、死期に遭遇する人の多くは、すでに亡くなった人（親族や友人）や宗教者（イエス・キリスト等）の姿をみるという特徴があることが報告されています。

これらのように、死の間際、すでに亡くなった人が夢枕に立つという不思議な「お迎え」現象について、**日本でも初ともいえる学術調査**が行なわれました。

宮城県にある在宅ケアグループの岡部健理事長らは、宮城県や福島県の在宅で看取りを行なった遺族を対象として、二〇〇二年から三回にわたって調査したもので、三六六人の遺族から回答を得ました。その結果、約四割の人がお迎え現象を体験し、さらにお迎えを体験した患者さんの九割は穏やかな最期を迎えたのです。

▼お迎え現象と脳内物質

では、このような**お迎え現象は、なぜ起こる**のでしょうか。

医学的にみれば、脳の機能低下によって意識障害が起きているととらえられています。ただ、これまでお話ししてきた体験者の言葉にあるように、懐かしい人のお迎えは心を穏やかにして、死への旅立ちの不安や恐怖をやわらげてくれるのです。

お迎え現象の調査を行なった岡部医師は「最期の時期を穏やかに過ごすために、神から与えられたギフト」とも語っています。

死の瞬間、脳は幸福物質で満たされるともいわれています（前章152頁参照）。

死を察知した脳は、ドーパミンやβエンドルフィン、セロトニンなどの脳内物質を多量に出して、気持ちのよい状態になるというのです。エンドルフィンは、脳内麻薬ともいわれ、親しい人と会話をしたり、好きな人と一緒にいると分泌される「ハピネスホルモン」ともいわれるものです。

人は、身体が危険な状態に陥ると、脳はそれを察知してエンドルフィンなどが分泌されて、痛みや苦しさを取り除こうとして、免疫力を高めようとするメカニズムがあるのです。

このようにみてくると、「死ぬときは苦しくない」のです。むしろ、「天国から懐かしい人のお迎えと、死の瞬間の幸せ感から、穏やかに旅立つことができる」と考えることができるのではないでしょうか。

人はどのような過程を経て死を迎えるのか？

ターミナル（終末期）をめぐる基礎知識

人が死に近づくターミナル（終末期）には、**いくつかのステージ**があります。臨床上は、「月、週、日」の単位によって、**ターミナル前期、中期、後期、死亡直前期**という段階に分けて考えられているといってよいでしょう。

ターミナル前期は、**予後**（予後という言葉は一般に手術や病気、創傷の回復の見込みで使われるが、疾患や病状によって「生存期間」を意味することがある。余命は医師でも断言できないことや言葉の響きから、ここでは予後という言葉を用いる）が**六カ月から数カ月とみられる時期**です。予後が三カ月以内という見方もあります。

この時期に人が苦しむのは痛みです。これは疾患等から生じる身体的な痛みだけではなく、精神的な痛みや社会的な痛みなどが現われてくることもあります（詳細は後出）。また全身の倦怠感があったり、食事量が減ってくることもみられます。

内面的には、死の三カ月から一カ月前には、この世の世界から身を引くようになって、「誰とも会いたくない」というようになることもあります。これは「内なる世界」へ向かっているためです。そのため、眠っている時間も多くなってきます。

あと**数週間とみられるターミナル中期**は、一般に症状が進んで食事量が減り、衰弱してきます。死の二週間から一週間前には、血圧が下がったり、心拍数や体温の変化、呼吸の増減もみられます。また、見当違いが起きて、実在しない人と話したりするなどの混乱が出てきます。

死の数日前というターミナル後期になると、意識障害が起きてきます。幻覚や混乱が生じたり、血液中の酸素量が減ると、じっとしていられない状態が強くなることもあります。

そして、死が迫ってくる**死亡直前期**は、意識レベルが急激に悪くなり、周囲の状況に反応できなくなります。また、呼吸のリズムが不規則になったり、あえぎ呼吸になったり、体温や血圧の低下、脈拍が徐脈になってきます。ただ、不思議な現象として、予想外に意識を回復して、見守る人と話をするなど、元気が出てくることがあります。この状態は「**なかよし時間**」といわれており、この世から旅立つために与えられた心の力とみられています。

最期は、脳の中では、「脳循環不全→脳毛細血管の透過亢進→脳浮腫→脳圧亢進→脳血流の停止→脳死」という変化が起こり、その結果として**死の三兆候**（前章140頁参照）が現われます。

なお、このようなターミナルステージの経過は、あくまでもひとつの目安であり、人によって異なります。あと数日といわれても、数カ月生存することもあります。人の生命や予後は、医師でも断言できないのです。

▼ターミナルへのケア

近年、このターミナルにおけるケアへの関心が高まり、**ＱＯＬ**（クオリティ・オブ・ライフ、生命の質、生活の質などといわれる）の**高い過ごし方**、その人らしく生きてその人らしく旅立つためのケアが求められています。

では、どのようなケアが必要なのかというと、「**全人的ケア**」があげられます。死と向き合う人は、疾患等から生じる身体的な痛みだけではなく、精神的な痛み、社会的な痛み、スピリチュアルな痛みがあります。社会的な痛みとは、人は社会と何らかのつながりを持って暮らしています。その社会的なつながりが隔絶されてしまうことからくる痛みです。スピリチュアルな痛みとは、心とか精神といった概念を越えた、普遍的、実存的な意味を含み、たとえば「人は、なぜ生きているのか。なぜ死ぬのか」といった根源的な問いが生まれて苦悩する、その苦悩や痛みといってもよいでしょう。

このようなさまざまな痛み（トータルペイン）に対して、その人をまるごと支えるケア――身体的な痛みは鎮痛薬でやわらげ、精神的な痛みは臨床心理士などによる心理的ケア、スピリチュアルな痛みは宗教者やスピリチュアルカウンセラーによって癒すなど多職者がチームを組んで支える――、つまり全人的ケアが求められてきます。

このようなケアの提供を大事にしているのが**ホスピスケア**、**緩和ケア**であり、ホスピス・緩和ケア病棟や緩和ケアチーム、在宅でのケアを受けることができます。自宅になるべく近い環境で最期まで過ごしたいという望みを実現する場として、民間の「ホームホスピス」が誕生し、在宅でも病院・施設でもない「第三の終のすみか」として注目されています。

視点を変えて、**死にゆくものを支える家族やまわりの人たちの苦悩やグリーフ（悲嘆）にも目を向ける必要**があります。家族等の二人称は、死にゆくものと苦悩や痛みを共有するといわれています。さらに、死別後は、大切な人を失った悲しみとも向き合わなければなりません。死にゆくものとともに、痛みや悲しみをもつ家族をどのようにケアすればよいのか、大事なテーマです（8章193頁参照）。

ホスピスケアと緩和ケア

その定義と実際に行なわれていること

死と向き合う人には、さまざまな痛みや苦悩があり、その痛みに対する全人的なケアを提供することを大事にする、**ホスピスケア、緩和ケア**があることを述べました。

ホスピスケアは、一九六〇年代後半からイギリスで始まったホスピスの実践をふまえて提唱された考え方で、イギリスから欧米へ、さらに日本にも広まりました（207頁参照）。「ホスピス＝HOSPICE」には、「H＝ホスピタリティ、親切なもてなし」「O＝オーガナイズド・ケア、組織的なケア〈チームアプローチ〉」「S＝シンプトン・コントロール、症状をコントロールする」「P＝サイコロジカル・サポート、精神的な支え」「I＝インディビジュアライズド・ケア、個別性の尊重」「C＝コミュニケーション」「E＝エデュケーション、教育」という意味があります。

ホスピスでは、ターミナルにおける痛み等の症状をとったりやわらげ、身体的に安楽に過ごせるように支援します。また精神的、社会的、スピリチュアルな側面から、生きていることの意味を見出せるように、**QOLを高められるケアを提供する**ことをめざしています。実際にホスピスでの生活は、部屋の広さや環境に配慮して、その人らしく過ごせるように自由度も高く、家族もともに過ごすことができます。

日本では、厚労省が施設基準を示しており、専門病棟として届出を受理された施設の場合は、「**ホスピス・緩和ケア病棟**」とされています。一九八一年に日本での第一号のホスピスが誕生し、二〇一五年四月一日現在、全国に二八三施設、五七一一病床があります。また、これらのホスピス・緩和ケア病棟では、入所できる対象は「**主として悪性腫瘍患者（がん）または後天性免役不全症候群（エイズ）に罹患し、ホスピス・緩和ケアを必要とする患者**」となっています。

緩和ケアとは、ホスピスケアの考え方を受け継ぎ、人が死に向かう過程に焦点をあて、WHOがその概念をかたちにしました。そのWHOの定義は、最初に一九九〇年に出されましたが、そこでは「治癒を目指した治療が有効でなくなった患者さんに対する積極的な全人的ケアである」と、ターミナルに焦点が当たっていましたが、二〇〇二年には次のような新たな定義を発表し、必ずしもターミナルではなく、「早期に」緩和ケアを行なうことがうたわれています。

「**WHOの緩和ケアの定義**　二〇〇二年　緩和ケアとは、生命を脅かす疾患による問題に直面している患者とその家族に対して、痛みやその他の身体的問題、心理社会的問題、スピリチュアルな問題を早期に発見し、的確なアセスメントと対処（治療・処置）を行なうことによって、苦しみを予防し、和らげることで、クオリティ・オブ・ライフ（QOL）を改善するアプローチである」

さらに定義に続いて、次のように述べられています。

「**緩和ケア**とは……

・痛みやその他の苦痛な症状から解放する
・生命を尊重し、死を自然の過程と認める
・死を早めたり、引き延ばしたりしない
・患者のためにケアの心理的、霊的側面を統合する
・死を迎えるまで患者が人生を積極的に生きてゆけるように支える
・家族が患者の病気や死別後の生活に適応できるように支える
・患者と家族（死別後のカウンセリングを含む）のニーズを満たすためにチームアプローチを適用する
・ＱＯＬを高めて、病気の過程によい影響を与える
・病気の早い段階にも適用する
・延命を目指すそのほかの治療（化学療法や放射線療法）とも結びつき、それによる苦痛な合併症をより良く理解し、管理する必要性を含んでいる」（原典：ＷＨＯ２００２、出典：特定非営利活動法人日本ホスピス緩和ケア協会のウェブサイト「ホスピス緩和ケアの歴史と定義」）

なお、緩和ケアは、ホスピス・緩和ケア病棟、病院での緩和ケアチーム、専門外来、在宅で訪問診療や訪問介護などによって受けることができます。

「安楽死・尊厳死」事情

賛否の議論があるなか、「安楽死」を合法とする国もある

二〇一四年十一月一日、悪性の脳腫瘍のため予後半年と宣告されたアメリカ人女性（二十九歳）が医師に処方された薬を飲んで安楽死しました。女性は事前に「世界に向けたお別れのメッセージ」を撮影し、ユーチューブで発信したため、その視聴数は死の直前には一〇〇〇万を超え、世界中が見守るなかで、予告通りの死が実行されました。その報道を記憶している人も多いことでしょう。

では、「安楽死」とは……最初にその意味を見てみましょう。

▼定義は多様、実行できる国（州）は限られている

安楽死とは、語源をさかのぼるとギリシャ語「euthanasia（よき死）」に由来します。明確な定義はありませんが、死期が迫っているターミナルステージにいる人の耐えがたい苦痛を緩和したり除去して安らかな死を迎えさせることです。安楽死のなかには、致死量の薬剤を投与するなど

意図的に生命を絶つ「積極的安楽死」、延命措置をしない、または中止をして自然の死にまかせる「消極的安楽死」、苦痛緩和剤の多量投与などによって死期を早める「間接的安楽死」があるといわれます。

類似した言葉に「**尊厳死**」があります。尊厳死とは、安楽死同様、明確な定義はなく、いくつかの考え方があります。たとえば、人間の本質である意識を失った状態にある者に対して、致死的行為を肯定するべきという考え方。人間が人間としての尊厳を保って死に臨むこと。不治で末期に至った人が本人の意思に基づいて、死期を単に引き延ばすためだけの延命措置を断り、自然の経過のまま受け入れる死、などがあります。

安楽死や尊厳死は、法との関係でみると、人為的に生命を縮めるなどは医療者としての職務不履行になるという違法性、刑法の殺人罪や、自殺関与・同意殺人罪に該当するのではないかという議論が出てきます。そのため、国内外で安楽死をめぐる問題が浮上してくるのです。

▼アメリカは州によって異なる

前述のアメリカの女性の死についてみてみましょう。**アメリカでは、州によって安楽死・尊厳死を合法とするか否かが異なります**。女性が医師の幇助をうけて安楽死できたのは「オレゴン州の尊厳死法」によるものです。オレゴン州では、一九九四年に「尊厳死法」が制定されました。これは、回復不能と診断されるなどの要件があった場合、医師が判断能力のある成人の末期患者の自殺を致死量の薬物を調剤・処方することによって介助することを（ＰＡＳ）を容認するというものです。特徴的なこととして予後六カ月以下という診断がされた患者は瀕死の状態になくても死を選択できるとされています。

「尊厳死」といいながら「安楽死」とほぼ同じような内容に違和感をおぼえるかもしれませんが、アメリカのこの例のような尊厳死はある意味、他の地域では医師による自殺幇助とみられています。日本でいう尊厳死は、アメリカでは自然死といってもよいでしょう。

女性は、この尊厳死法のもとで安楽死するために、死の一年前にオレゴン州に移り住みました。女性は自らの意思を貫きましたが、その死は、議論をよび、尊厳死法に反対する人たちは「生の放棄」と語り、キリスト教が根付いているため「本当の寿命は神のみぞ知る。生きる努力を放棄するのは間違い」という声も上がりました。

なお、**アメリカでの尊厳死法**は、**ワシントン州**（二〇〇九年）、**モンタナ州**（二〇〇九年）、**バーモント州**（二〇一三年）、**ニューメキシコ州**（二〇一四年）でも合法化されています。

▼スイスでは「安楽死」は合法

「**自殺ツーリズム**」があり、外国から安楽死を求めてやってくるスイス——一九四二年、末期症状であること、判断能力がある本人の意思によるものであり、突発的な選択の結果ではないことなどを要件に、安楽死が合法化されました。スイスの刑法では、利己的動機による自殺幇助は禁固五年以上の犯罪としており、希望患者を苦痛から救うことを目的とした自殺幇助は非利己的と解釈しています。

また、外国人の末期患者などにも機会を与えて、安楽死は合法とされているため、「自殺ツーリズム」という現象が起きています。スイスには、有資格者の医師と看護師の援助を受けて自殺を幇助する非営利団体「ディグニタス」があり、外国人の希望者の受け皿にもなっています。一九九八年の設立以来、一〇〇〇人以上を援助してきましたが、そのなかでも外国人希望者が増えて、二〇〇八年からは年平均二十五人ほどになっているそうです。外国人渡航者をみると、ドイツやイギリスが多く、フランス、イタリアと続きます。

外国から渡航してくる自殺ツーリズム現象や末期患者以外でも安楽死を求める人の数が増えたため、社会問題となり、自殺幇助の是非を問う住民投票が二〇一一年六月に実施されました。その結果は、自殺幇助禁止に反対が85%、自殺旅行禁止に反対は78%と、**現状維持派が圧勝**しました。スイスでは、**最期の迎え方は自分で選ぶ権利があるという意識が強い**といわれているゆえんです。

▼オランダの場合

先進諸国で病院死が最も少なく、**在宅医療・ケアが浸透しているオランダ**では、二〇〇一年に**安楽死法が制定**されました。成立までには長い時間をかけて国民的な議論を重ねて、「本人が死を望む意志がある。圧倒的な苦しみがある。他に合意的な解決策がない」を基本として、「主治医が認めて実行者となりうるもう一人の医師の承認が必要。死後に検視官が調べ検証委員会に報告する」という手続きをふめば罰しないという結論に達したのです。二〇一一年には、三六九五人、一二年には四一八八人が安楽死しており、その多くはがん末期の人たちです。また、認知症でも、発症前から手続きを踏んでいれば安楽死も可能です。

▼その他「安楽死」を認める国々

二〇一五年二月六日、**カナダ**の最高裁は「医師による自殺幇助を禁止する法律を違憲とし、安楽死を限定的に認める判決」を言い渡しました。「自ら判断できる成人が命を絶つことに明確に合意し、重大で治療の見込みがない疾患があり、耐えがたい苦痛を受けている場合、安楽死の選択を認めないことは個人の自由を侵害すると判断した」ということなのです。ただし、判決の効力が発生するのは十二カ月後で、その間、政府は法改正して対応することになります（「朝日新聞」二〇一五年二月八日付の記事より）。

その他、**ベルギー**、**ルクセンブルグ**では安楽死法が法制化しています。イギリス、フランスでは、安楽死は違法とされています。

日本における「安楽死・尊厳死」事情

議論の高まりはなく、法的な整備もまだ

日本では、一九七六年に「安楽死協会」が設立され、一九八三年には「日本尊厳死協会」と改称しました。歴史的にみて、一九七〇年代に入って**安楽死運動から尊厳死運動**へと変わり始め、近年では国会で超党派の議員立法として尊厳死法が提出される直前まできているともいわれていま す。ただ、日本でいう尊厳死（延命だけを目的とした延命措置は行なわず、人間としての尊厳を保って死に臨む）は、外国では「当たり前」のことであり、**日本では「安楽死」と思われることが「尊厳死」といわれることもある**のです。

そもそも、世界的にみれば、「患者の権利に関するリスボン宣言」（一九八一年採択）にて、「患者は人道的な終末期ケアを受ける権利を有し、またできる限りの尊厳のある、安楽な死を迎えられるように、あらゆる可能な支援を与えられる権利を有する」とうたわれているのです。その人間として当然の尊厳ある死が、日本では当然となっていない現実があります。

それゆえ、尊厳ある死を求めて、リビング・ウィル（生前の意思、専ら延命のためにのみ施さ

れる延命措置を行なわず、自然の死を希望する表明）への関心が高まり、医療・介護の場でもようやく延命だけを求める措置を問い直す動きが高まってきました。

そういった状況にある日本では、安楽死法についての議論は高まっていないのが実情であり、当然のごとく、安楽死は法制化されていません。ただ、これまでに、安楽死事件として刑事裁判となったケースがいくつかあります。それらのなかで、安楽死が合法であると認められる要件を示し、適法になりうる場合があるという判断を示したとして知られる「名古屋安楽死事件」と「東海大学病院安楽死事件」についてみてみましょう。

▼合法であるための要件

「**名古屋安楽死事件**」は、一九六一年に起きたもので、脳溢血で倒れた父親の「殺してくれ」という願いに、息子が殺虫剤入りの牛乳を飲ませて殺した事件です。名古屋高裁は、**安楽死が罪に問われない六要件**を示し、この要件を欠如していること、刑法２０２条に該当するとして有罪（懲役一年、執行猶予三年）を言い渡しました。その六要件とは、次のようなことです。

〈六要件〉

①不治の病に冒され、死が目前に迫っている

②苦痛が甚だしい

③患者の死苦緩和が目的

④患者が意思表示できる場合は真摯な嘱託または承諾がある
⑤医師の手によることを本則とし、それ以外の場合は首肯するに足る特別な事情がある
⑥その方法が倫理的にも妥当である

「**東海大学病院安楽死事件**」は、一九九一年、東海大学病院で内科助手が末期がん患者に対し、家族の懇願によって心停止作用のある薬剤を注射して死亡させたという事件です。医師は、殺人罪で起訴されて刑事裁判となり、横浜地裁は、医師に積極的安楽死が許される四要件を示し、事件ではその要件を満たしていないとして有罪（懲役二年、執行猶予二年）を言いわたしました。その四要件とは、次のようなことです。

〈四要件〉
①耐えがたい肉体的苦痛がある
②患者の死が避けられず死期が迫っている
③患者の肉体的苦痛を除去・緩和するために方法を尽くし、他に代替手段がない
④患者本人が安楽死を望む意思を明らかにしている

その後も、安楽死事件とされる出来事が起きていますが、それを受けて安楽死の法制化に関する議論には発展していません。**尊厳ある生と死、リビング・ウィル**などの考え方はようやく広まっ

てきた観がありますが、たとえ尊厳死の宣言書を書いても、日本ではまだ法的拘束力がないのが実情です。

安楽死問題は、外国では賛成派と反対派による議論を重ねた結果として法制化され、たとえ「安楽死法」が可決されても、その後に否決されるということもあります。一方で、**スイス**のように「最期の迎え方は自分で選ぶ権利がある」という意識が根づき、外国人をも受け入れるところがあり、**カナダ**のように「安楽死の選択を認めないことは個人の自由を侵害すると判断」して「医師による自殺幇助を禁止する法律は違憲」と判決を下すところもあります。その国・社会の事情、宗教的背景などもあり、安楽死・尊厳死を容認するか否かはさまざまですが、最期のあり方をめぐって真摯に向き合う姿勢は評価されるでしょう。

日本では、近年、**「終活」ブーム**が起きていますが、葬儀や墓、相続といったエンディングに必要な準備だけではなく、人生を全うする**最期のあり方に目を向ける**ことも大事です。医療も介護も、最期の旅立ちも、おまかせにできない時代、自ら死を創る時代となり、今後は自ら死のあり方を選ぶことが求められてくるのかもしれません。一人ひとりが自らの死のあり方を考え、その国民の意見を反映したかたちで、国として安楽死・尊厳死の問題に取り組んでほしいと願っています。

死をどう受け容れればいいのか？

受容のプロセスと死を受け容れるための名言

限りあるいのちと知ったとき、どのように死を受け容れればよいのでしょうか。

▼死を受容する五段階

アメリカの女性精神科医、**エリザベス・キューブラー・ロス**は、死期が近づいた二〇〇人の患者さんと対話をして、多くの人がたどる「死の受容への過程」を次のように示しました。

第一段階　否認

人は、信じたくない出来事に遭遇すると、否認したくなります。死が近いことを告げられたとき、「まさか私が……」「そんなことはありえない」と、打ち消す思いが生じます。これは、死という重い事実に直面したときに起こる自然で正常な心の動きです。死が近づいているという事実を打ち消したり、ときには認めたりしながら、少しずつ事実を受け容れていくものなのです。

第二段階　怒り

「なぜ私がこのようなことになるのか」と、自分の運命に対する不当感や怒りを抱きます。その問いに対する答えもなく、ときには医療者や家族に怒りをおぼえたり、本人の混乱をもたらし、まわりの人間関係にも隔たりをもたらすこともあります。

第三段階　取り引き

何とか救いの道はないかと模索し、「神様、何でもしますから、どうぞ、死ぬなんてウソだといってください、治るといってください」と、神や仏などと取り引きを行ないます。

第四段階　抑うつ

神や仏と取り引きをしても、死が近いという事実は変わらないことがわかると、自分に死が訪れて、愛する家族や大切なものを失わなければならないということから抑うつ状態になります。

第五段階　受容

怒りや抑うつ状態に陥ったり、心の葛藤を経て、避けがたい死という事実を受け容れるようになります。自分の内面に目を向ける一方で、家族やまわりの人に感謝の言葉を表わすこともあります。

死を受容した人は、すばらしい人間的な成長をとげるといわれています。

この死の受容の過程は、**死にゆくものの心理プロセス「五段階説」**として広く知られていますが、必ずしも、すべての人が順序通りにたどるわけではありません。複数の段階が重複したり、逆戻りしたりすることもあれば、受容にたどりつかないこともあります。

また、「受容」についていえば、自分の死という重い事実を素直に受け容れることができるものでしょうか。受け入れがたい事実を苦悩と葛藤を繰り返すなかで、「諦める」ことによって受け容れざるを得ない心となるのかもしれません。ただ、この「諦める」は「明らめる」ことにつながり、いまの状況を明らかにする……「死」という変えられない事実を受け容れる勇気と、最期のときをどう生きるかという変えられるものは変える勇気をもつことなのです。限られたときをいかに自分らしく生きて生を全うするか、それは変えることができるのです。

▼親鸞と吉本隆明氏の考え

さて、浄土真宗の宗祖「親鸞」について、さまざまな人がその人となりについて描いています。その一人として、文学から政治・社会、宗教など広範な領域を対象に評論・思想活動を行ない、戦後思想の巨人ともいわれた吉本隆明氏は『最後の親鸞』（筑摩書房など）を著しました。そのなかの論文「和讃―親鸞和讃の特異性」（和讃とは、仏・菩薩、教典・教義などに対して和語を用いてたたえる讃歌）という論考のなかで、親鸞には「現世的な生のはかなさを受け入れ、苦を受け入れて執着しつつ、自然に死がやってきたらこの煩悩の故里にもにた現世にわかれるべきである」という思想があったと述べています。

また、『死の位相学』（潮出版社、一九八五、編集部のインタビューに答えるかたちで構成されている）という著書のなかでも、親鸞について語っています。

「親鸞のかんがえは……臨終して浄土へゆくという考え方は駄目なんだとみなしたのです。……臨終なんていうものは待つことはいらないし、もちろん阿弥陀如来が来迎してくるなんていう考え方をとるべきでないし、またとる必要もないんだ。ただ**信心、つまり浄土を信じることがじぶんのなかで決定したときに、死は決定するんだ**。あるいは往生、つまり生れ変わりというのは決定するんだ、という考え方をとったのです。だから、弟子に念仏を唱えても浄土へゆきたいという気が少しも起きないのはどうしてなのだ、ときかれて、親鸞はじぶんだってそうなんだ、じぶんだってそういう気は起こらない。なぜならば執着すべき苦悩の旧里、故郷というものはなかなか捨て難いものだし、またどんなに安らかなところでも、まだみない浄土というのは、なかなかいきにくいものなんだ、だからようするに、**ひとりでに死ぬべきときがきたら死ねばそれでいいんだ**という考え方を披瀝しています」（太字は引用者）

人間には「煩悩」があり、すみやかに往生をとげて浄土へいきたいという気持ちにもならない。その俗にしたがって受け入れて身をおき、自然に死がやってきたら現世に別れるのがいい――それが親鸞の思想であり、そうあるべきだと吉本氏は語っています。

たとえ死と向き合っても、**生きたいという思いや未練、大切な人との別れの悲しみや苦悩など、あるがままに認めて、誰にでも訪れる死をも受け入れ、死すべきときには死すがよい**、ということなのでしょう。

▼ボーヴォワールの言葉

一方、**遺されるものの視点から、どう死を受け容れればよいのか**、ということについて、哲学者でありサルトルの夫人として知られるボーヴォワールの言葉を紹介したいと思います。

ボーヴォワールは、著書『老い』のなかで、「**自分が死に対する悲しみをいくぶん和らげるようになったのは、死を世界における不在だと考えられるようになってから**」と語っています。私たちは、両親や親族、かつて友人だった人など、誰かしらとの死別体験があります。その喪失を「不在である」と考えていくと、人間の存在が世界における不在をたえず体験しながら生きているようなものであり、不在がすべてをおおいつくしたとき、それが死なんだと考えられるようになる。そして死や老いに対する恐怖や悲しみをやわらげるようになったというのです。

最終的には、大切な人の死を受け容れて、悲しみと向き合い、新たな生き方を模索することになりますが、悲しみをやわらげる心の持ち方として、学ぶところがあるといえるでしょう。

死はこわくない

哲学者たちの名言

人はどのように生きて、どのように死んでいくのがよいのか……「生と死」の思想を語ってきた先人たちの死の哲学と名言をみてみましょう。

▼プラトンの魂の不死説

古代から、肉体は滅んでも霊魂は死なないという考え方がさまざまな民族のなかで信じられていました。いわゆる霊魂不滅思想ですが、それは古代ギリシャ思想にも表われています。哲学者・**プラトン**の中期対話篇といわれる『パイドン――魂の不死について』は、プラトンの師であるソクラテス処刑の日に、獄中で弟子たちが集まり、死について議論を行なうという設定で、霊魂不滅についても話し合われる、という内容のものです。

『パイドン』に回想部話者として登場するソクラテスは、人間を考え、人生や良く生きることについて思考を深めました。そして、人生の原理・原則についてさまざまな場で語りました。ところが、ソクラテスは「真実の人間のあり方」を問題にして社会の有力者たちの欺瞞を明らかにしてしまい、若者たちが真似をして大人たちの生き方を批判するようになったのでした。そこで有力者たちに憎まれ、「若者を堕落させ、神々を認めない」と告発されて裁判にかけられ、無実の罪で死刑判決を受けることになってしまったのです。

『パイドン』のなかでは、死刑判決を受けたソクラテスを通じて、プラトンは魂の不死を説きました。死とは肉体と魂の分離であり、**魂は消え去ることなく生き続けるし、むしろ肉体のくびきから解放されて真の実在に達することができる**。それゆえ、死を恐れることはなく、喜ばしいこととして迎えなければならぬ、そうソクラテス－プラトンは主張するのです。

さらに、プラトンは、肉体から離れた魂の実在性について議論を進めます。プラトンの哲学は、実在と仮像、イデア（肉眼にみえる形ではなく、「心の目」「魂の目」によって洞察される純粋な形）と現象的な世界などを峻別する二元論です。こうした二元論を人間に適用すると、霊魂と肉体からなることになり、霊魂はイデアが永遠であるように滅びることがありません。人間の生まれる前に実在し、死後も実在し続ける、つまり霊魂は不死の存在なのです。

『パイドン』の最後のほうで、死後における魂の運命の叙述があります。生きている間に肉体の隷属から解放されて永遠のイデアに出会うことができた者は、死後には神々と交わる祝福のうちに暮らす。肉体を愛した不浄な魂は、墳墓をさまよう幽霊となるか、動物の身体に宿ることになる。また、善人であったものの魂は天国に行き、悪人の魂は地獄に行き、中間の人々の魂は煉獄に行くのだともいう。

死は「夢をひとつも見ない眠りにつくこと」「魂が別の世界に移ること」〈ソクラテス〉

死は、魂を肉体から解放することである〈プラトン〉

▼エピクロス「死はこわくない」

同じギリシャの哲学者・**エピクロス**は、現世主義であり、独特の原子論を展開しました。人間は死ねば生命なき原子に解体するものだから、死後の恐れや不安に苦しむことはないということです。それゆえ、生きているうちに快楽を追求するべきという快楽主義を唱えますが、欲望のままに快楽を楽しむのではなく、むしろ欲望をコントロールして慎ましく生きることのなかに精神的快楽があり、そこに精神の安定をもたらす根拠があるといいます。

現世主義ゆえか、死は人間にとって何ものでもない、こわくない、と語っています。死が恐ろしいというのは、予期されることによって人を悩ますとしても、何の根拠もなく悩ませているにすぎない。なぜなら「われわれが存するかぎり、死は現に存せず、死が現に存するときには、もはやわれわれは存しないからである」のです。つまり、死は、生きている人にも死んだ人にもかかわりがなく、死はなにものでもないということです。

死は、もろもろの悪いもののうちで最も恐ろしいものとされているが、じつはわれわれにとって何ものでもないのである。なぜかといえば、われわれが存するかぎり、死は現に存せず、死が現に存するときには、もはやわれわれは存しないからである

▼ハイデッガーによる「覚悟」性

ドイツの哲学者、**マルティン・ハイデッガー**は、著書『**存在と時間**』で広く知られ、後の実存主義にも大きな影響を与えました。人間の存在の意味を明らかにしようとしたこともあり、実存主義者のサルトルは、ハイデッガー哲学は実存主義といいましたが、ハイデッガーはそう呼ばれることを拒否していました。自身は、人間の存在も含めてこの世界に存在するすべてのものの存在の意味を問う現象学的存在論と言っているのです。現象学的存在論とは、文字通り、存在の意味を現われるままに探究する学問で、存在するものすべてにかかわるということです。ただ、存在の意味を問うことができるのは、人間だけであるともいえるのです。

その人間の存在についてみれば、人は自分が存在することは当然のことと考えて存在の意味を問うこともなく、日常生活のなかに埋没して生きています。ところが、予想もしない自分の死に直面したとき、自分の存在を意識して、なぜ自分が存在するのかという問いを発するようになります。そして、人生の有限性に気づき、自分の存在を意識して生き方を真剣に考えるようになるのです。

ハイデッガーによれば、人間は死を避けることはできず、人間存在に必然的にかかわってくることから、人間のあり方を「死への存在」とあらわしています。また、死ぬときは、誰でも独りであり孤独でもあるのです。自分の人生の有限性の気づきと孤独、**そこから目をそむけず直視して「覚悟」をもつ**こと、それによって人は人生を有意義に、真剣に生きることができると語ります。

死をタブー視して、最期のあり方をおまかせにしてきた日本人にとっては、厳しい言葉ですが、自身の生を全うするためには、死から目をそむけずに向き合う覚悟が必要なのです。

人はいつか必ず死ぬということを思い知らなければ、生きているということを実感することができない

人は死から目を背けているうちは、自己の存在に気を遣えない。死というものを自覚できるかどうかが、自分の可能性を見つめて生きる生き方につながる

▼老子の「無為自然」

さて、アジアの哲学者・思想家に目を向けてみましょう。

古代中国（春秋戦国時代）の哲学者、思想家といわれる老子は、確かな伝記がなく、伝承的に伝えられることが多いようです。正式な学派を開祖したわけではありませんが、**道教**を創立させた人物ともいわれています。道教は、漢民族の土着的、伝統的な宗教であり、根幹となる概念は「**道（タオ）**」――宇宙と人生の根源的な不滅の真理――といわれます。

それゆえ、老子の思想には「道（タオ）」があらわれてきます。老子の象徴的な言葉は「無為自然」、自然の摂理を学べと説くのです。自然には善意も悪意もなく、ただあるがままに変化するだけ。人間は意志を通そうと無理をして疲れ果ててしまう……道理にそぐわない無理をいましめ、過剰な自己顕示欲を抑えて、天地自然の流れのままにいなさい、と老子は説きます。

人生とはその時々に自然に変化し、移りゆくものです。変化に抵抗してはなりません。それは悲しみを招くだけです。現実を現実として、ありがままに受け入れなさい。ものごとをそれが進みたいように、自然に前に流れさせてやりなさい

▼亀井勝一郎の名言

最後に、昭和期の文芸評論家、**亀井勝一郎**の『**愛の無常について**』から名言を紹介します。『愛の無常について』（一九四九年、大日本雄弁会講談社、一九九〇年に角川書店から刊行）は、孤独な魂の救済を模索した永遠の青春の書、といわれます。

その書のなかで、「死そのものよりも、死についての想像のほうが、はるかに我々を恐怖せしむる」と述べています。人はさまざまな経験を語ることができますが、死の経験だけは実感として語ることができません。しかし、いつかは必ずやってくる……そこで想像力が働いて、死を恐れるのです。

でも「死そのものは案外平穏なものかもしれない、むしろ死に至るまでの時間が恐ろしいと想像されるのではないのか」。もしそうなら「現に生きている刻々の時間に対して、自己の生に対して、なぜ恐怖を感じないのか」と亀井氏は問います。死への恐怖を生への恐怖に置き換えてみることが大切なのですが、現実の生をふりかえると「まだ明日があると思いこんで眼前の事実から眼をそらす」のです。

人には、死の自覚が必要であり、それこそ人間の本音に自ら気づくことになる。人間の完成とは死であり、生とは「未完の死」、妥協である。ゆえに、生について考え、迷う……「学ぶとは、死に方を学ぶことであります。そして恐るべきは、死よりもむしろ生そのものではありますまいか」というのです。

死そのものよりも、死についての想像のほうが、はるかに我々を恐怖せしむる
恐るべきは、死よりもむしろ生そのものではありますまいか

「人は二度死ぬ」の意味

忘れられなければ、人は死なない

「人は二度死ぬ」といわれます。ある僧侶の言葉とも、俳優だった故・松田優作の名セリフともいわれますが、さまざまなバリエーションがあります。まず、それらを紹介しましょう。

「人は二度死ぬといわれている。一度目は実際に死ぬときであり、二度目は写真が発見され、それが誰であるか、知る人が一人もいないときだ」

これは、フランスの彫刻家、画家、映画監督でもある**クリスチャン・ボルタンスキー**の言葉です。彼のモニュメントは、古代エジプト人が死者の死後の生にそなえるための彫刻のようで、死と向き合わなければならない、と作品をみた人は語っています。

「人はいつ死ぬと思う？
心臓をピストルで撃ち抜かれたとき？……違う

不治の病に侵されたとき?……違う
猛毒キノコスープを飲んでしまったとき?……違う
人に……忘れられたときさ……」

これは、「週刊少年ジャンプ」に連載された漫画『**ONE PIECE**(以下、**ワンピース**と称す)』に登場する医者ヒルルクの言葉であり、『ワンピース』屈指の名言といわれています。

『ワンピース』は、海賊となった少年モンキー・D・ルフィを主人公とし、「ひとつなぎの大秘宝(ワンピース)」を巡る海洋冒険ロマンを描いたもの。単行本化され、二〇一四年現在七十六巻が刊行され、累計部数は国内最高の三億二〇〇〇万部となっています。また国外でも六〇〇〇万部、販売されるほど、人気のコミックです。

ヒルルクは、元大泥棒の無免許医で、医術の腕はヤブでも気高い医者の心を持っています。人間に襲われて重傷を負っていた海賊団のチョッパーを保護し、育ての親となって医者としての心を教えます。実は、ヒルルクは不治の病にかかっていました。そのことを知ったチョッパーは、万能薬と信じて、命がけで毒キノコを採ってきてスープをつくります。ヒルルクは毒キノコのスープを飲んで寿命を縮め、生涯を閉じることになりますが、チョッパーの間違いを否定せずに、笑顔でスープを飲んだのでした。そんな背景から語られた名言であり、ヒルルクは、そのあと「**まったく、いい人生だった**」と語ったのです。

アフリカのある部族には、死者を二通りに分ける風習があるそうです。「人が死んでも、その生前を知る人が生きているうちは、死んだことにはならない」、生者が心の中に呼び起こすことができるからです。**「記憶する人も死に絶えてしまったとき、死者は真に死者になる」**のです。

このように語られた「二度死ぬ」の裏には、**遺されたものの弔い**が潜んでいます。つまり、遺された人々が故人を偲び、供養する想いがなくなってしまったとき、そして心のなかから忘れ去られたとき、故人は再び「死」を味わうということです。

この世に生きたという証……家族や友人、仕事仲間や地域の人々とのかかわりのなかで、その人その人の人生を生きてきたのです。そういう故人のことを、遺されたものの心のうちで生き続けるように、**たとえ時を経ても故人を想うこと、それが故人をほんとうに弔うことになる**のです。

「しあわせな死」は可能か？

ジャンケレヴィッチの名言をベースに考える

「死」には、人称がある――「一人称の死（自分の死）」「二人称の死（家族や親しい人の死）」「三人称の死（彼、彼女といった他人の死）」と、フランスの哲学者・ジャンケレヴィッチは『死』という著作で定義しています。

人称が違うということは、どの立場から死を考えるかの違いです。そして、それぞれ課題が異なります。

たとえば、一人称の死の場合、限りあるいのちと知ったとき、残されたときをいかに自分らしく、思い残しなく過ごすか、それが大きな課題になります。

二人称の死では、大切な人とともに限られたときをどのように悔いなく過ごすかですが、ここには一人称の死と重なる課題があります。一人称の死にゆくものは、死が近づいているという現実と向き合いながら、さまざまな感情と葛藤を繰り返しながら、死を受け容れていきます（175頁参照）。その死までの過程は、実は二人称の家族も共有しているのです。

さらに、二人称の死では、大切な人を喪ったあと、死別の悲しみ（グリーフ）と向き合い、それを乗り越えて新たな生き方をみつけなくてはならないという課題もあります（193頁参照）。

このような**死にゆくもの（一人称）と看取る家族（二人称）の関係性こそ、「しあわせな死」の大事な要素になる**のではないでしょうか。

死にゆくものは、家族とともに生きてきた人生の軌跡に思いを馳せ、支えてくれたことへの感謝のメッセージ「ありがとう」を伝える。

看取る家族は、ともに生きてきたことの思い出を心のなかにとどめ、大切な人との出会いと絆に「ありがとう」の言葉を伝える。

遺された家族の悲しみは、最期の場のあり方によっても異なってくるのです。死にゆくものの「ありがとう」というメッセージは、グリーフをやわらげるとともに、大切な人のことをいつまでもよい思い出として胸におさめることになります。そして、故人を偲び、あの世での幸せを願うことにもつながることでしょう。

▼「悼む人」の存在

ただ、現代社会は、シングルや独り暮らしの高齢者の増加、家族関係も稀薄になり、死にゆくものと看取る家族の「ありがとう」と言い合える関係を築くのがむずかしいことも少なくありません。

そのようなときは、「悼む人」の存在が故人の心をなぐさめ、しあわせな死につながるのかもしれません。「悼む人」とは、作家・天童荒太氏の直木賞受賞作の作品名。主人公の坂築静人は、不慮の死を遂げた人を悼むため全国を放浪し、「亡くなった人は生前、誰に愛され、愛したか、誰かに感謝されたことはあったでしょうか」と問いかける……悼む人とは、その人が生きた証を心に刻んでくれる人なのです。

どのような人にも、生きてきた物語があり、その人その人の尊いいのちの軌跡があります。そういう「生」を見つめて心を寄せてくれる存在がいることが、しあわせな死になるのではないでしょうか。

8章　死についての思索5

遺されたものの悲しみを癒す

グリーフワーク（悲嘆の仕事）と求められるグリーフケア

人は、生きていくなかで、挫折や失意、別れ、孤独、大切な人との死別……さまざまな喪失を体験します。喪失を体験したとき、人は深い悲しみにおおわれます。その深い悲しみを「**グリーフ**」といいます。

どのような喪失でも、悲しみの感情を抱きますが、なかでも身近な人との死別は大きなストレスとなり、「**配偶者の死は人生最大のストレス**」と、アメリカの精神科医・ホルムズらの研究によって報告されています。

死別による悲嘆は、私たちの心身にさまざまな影響を及ぼし、怒りや罪責感、無力感や孤独、引きこもりなどの「悲嘆反応」といわれる状態を招きます。その悲嘆による反応は、喪失の当初に生じる精神的打撃やパニックなどの段階から、時間とともに徐々に回復に向かって変化し、大切な人の死を受け容れ（受容）、新たな生き方を求めて立ち直るようになります。

そのような**悲嘆のプロセス**をたどって、喪失した人が自ら悲しみと向き合い、生き直しの物語を紡ぐことを「**グリーフワーク（悲嘆の仕事）**」といいます。ただ、そのグリーフワークがスムースに行なわれるためには、大切な人の死という事実を認めて、悲しみの感情などを信頼できる人に話して聴いてもらうことが必要です。

▼悲嘆と向き合う課題とグリーフケア

そういった悲嘆と向き合う課題として、アメリカの心理学者ウォーデンは次の四つをあげています。

第一の課題　喪失の事実を認める
　信じたくない出来事に遭遇すると、人は「否認」したくなります。まず、事実を認めることからスタートします。

第二の課題　悲しみの感情など、素直に表現する
　泣きたくなったら思いっきり泣くこと、素直に表現します。

第三の課題　大切な人がいない環境に適応する
　大切な人の遺品をみただけで号泣してしまうなどの状況から卒業し、故人が担ってくれていた役割をどのように置き換えて新しい生活を築いていくかが課題となります。

第四の課題　故人を情緒的に再配置して、新しい生き方を見つける
　故人との関係を忘れるのではなく、情緒的な生活のなかに故人のための適切な場所をみつけ、

自分の力で新しく歩き出します。

現代社会は、核家族化やシングルの増加など、家族形態が変わり、地域共同体や人間関係も稀薄になっており、悲しみの感情を素直に話して聴いてもらえる場や人がいないということも少なくありません。そのような場合、グリーフワークがスムースに行なわれるように、第三者が支援することを「**グリーフケア**」といいます。

日本では、グリーフケアを専門とするカウンセリングの体制が十分に整っていないため、同じ体験をした人たちの会や民間団体が行なっている「分かち合いの会」がその機能を担っています。

さて、弔いとグリーフの関係についてみてみると、「**葬儀はグリーフワークである**」といってもよいでしょう。

第一に、葬儀という儀式を行なうことは、大切な人の死という現実と向き合い、その事実を認めることになります。

また、大切な人と最期のお別れをするとともに、悲しみの感情を素直に表わす場でもあります。ただし、実際には、式次第が決められた儀式のなかで、十分に悲しんでお別れする時間がとれないこと、喪主となって緊張したり、参列者への気遣いから素直に感情を表わせないということもあるでしょう。

さらに、火葬場で荼毘にふすことによって、ほんとうにお別れする、という諦めの気持ちとともに、大切な人の死を受容することになります。

葬儀は、本来、葬儀式や告別式だけで終わらず、初七日、四十九日の納骨、そして一周忌、三回忌……と法要が続きます。グリーフが悲嘆のプロセスをたどって回復するまでには、それなりの時間（とき）と、気持ちの切り替えが必要になります。葬儀や法要は、その「とき」と場となり、グリーフワークをたどっていく手助けにもなるといえます。つまり、グリーフを癒すことにつながるのです。

ただ、近年、葬儀の形骸化や簡略化が進み、必ずしも葬儀がグリーフワークであるとはいえない場合も増えているようです。大切な人を弔うという原点にもどることが求められているのかもしれません。

特別ブックガイド

「死」のベストセラーを読む

「死」は何かを引き寄せるのか、ベストセラーも多い

『死ぬ瞬間　死にゆく人々との対話』E・キューブラー・ロス　川口正吉訳（読売新聞社　一九七一）

スイス出身の女性精神科医、エリザベス・キューブラー・ロスは、終末期医療のあり方に疑問を持ってアメリカに渡り、シカゴのリビングス病院で死期が近づいた約二〇〇人の患者さんをインタビュー。それをもとに死にゆくものの心理過程を明らかにして、「死の受容五段階モデル」を提唱しました。**死生学やターミナルケア、ホスピス関係者にとってのバイブル**といってもよいでしょう。なお、晩年は、脳梗塞をわずらい、死へのプロセスの研究からさらに踏み込み、死後の世界や幽体離脱を肯定するようになったといわれます。

『かいまみた死後の世界』レイモンド・A・ムーディ・Jr　中山善之訳（評論社　一九七七）

レイモンド・ムーディは、アメリカ・バージニア大学で医学博士号を取得した医師であり心理学者でもあります。ムーディは**膨大なニアデス**（死後の世界をかいまみて、再びこの世に戻って

くる疑似死）体験者からの聞き取り調査から、臨死体験時によく見られる構成要素を十一に分類、さらに約一五〇の実例を収録しました。当時は画期的なことでしたが、データを統計的に処理しなかったため、酷評する学者もいました。しかし、アメリカでベストセラーとなり、世界二十カ国以上の国で翻訳されました。なお、一九八九年に『続かいまみた死後の世界』が刊行されています。

『先祖の話』柳田國男（筑摩書房　一九四六［初版本］）

日本民俗学の父といわれた柳田國男の代表的著作であり、**日本人の霊魂観や死生観**を見いだすことができます。柳田は日本各地を歩き、日本人の固有信仰を解き明かそうとしました。それゆえ、民俗伝承をもとに、人は死ねば子や孫の供養をうけて祖霊となり、山の高みに宿って家の繁栄を見守り、盆や正月にはその家に招かれて交流しあう存在となる。また季節を定めて去来する正月の神や田の神も実は子や孫の幸福を願う祖霊である……神と霊魂、先祖と家の連結をあらわすとともに、日本人古来の死生観を抽出した本書をまとめました。なお、ＮＰＯ法人で「『先祖の話』を読む会」があります。

『大霊界――死んだらどうなる』丹波哲郎（学習研究社　一九八七）

丹波哲郎は、俳優であり、その五十年の活動で三〇〇本以上の映画に出演しています。その一方で、心霊学と霊界に造詣をもち、霊界の存在を確信していました。ロンドンのホテルで中国人女性の複数の霊に遭遇し、それが確信となったといわれています。霊界に関する著作は多く、本書は、「死の瞬間／幽体離脱／精霊界／三途の川渡り」等について書かれた「死んでも生きられる」というもの。二十年の年月をかけて書き下ろした**霊界ガイドの決定版**といわれます。

『病院で死ぬということ』山崎章郎（主婦の友社　一九九〇）

一般病院の外科医として死が近い患者さんの蘇生を試みたりしながら著者は、病院は人が死んでいくのにふさわしい場所ではないと思うようになります。一九九一年に聖ヨハネ会桜町病院ホスピス科部長となり、**日本のホスピス医の草分け的存在**の著者が患者の立場に立つことの大切さ、病院死の問題点やターミナルケアの必要性を語った本。一九九三年には映画化されました。

『死の体験――臨死現象の研究』カール・ベッカー（法蔵館　一九九二）

アメリカの宗教学者であり、京都大学こころの未来研究センター教授である著者は一九八〇年、アメリカで国際臨死体験研究会を創始、日本においては最初に臨死体験学や体外離脱学を開いたといわれます。本書は**臨死体験の先行研究と類型**を示したうえで、この問題を理解するうえでのポイントを整理するとともに、臨死体験研究が意識の研究に与える意味の大切さにもふれています。

『生と死への眼差し』村上陽一郎（青土社　一九九三）

科学、哲学を専攻する著者は「病気に対して、われわれは少し傲慢になり過ぎているように思う。それはすなわち死に対する傲慢でもある」と語ります。そして、人間の「死」に関する限り、科学の埒外にあるというとき、科学も人間に「サービスするもの」という範疇に位置する、それが高齢化という社会構造の変化に見合ったものといいます。それは医療においても、尊厳死や脳死などの現代医療が問われている問題を**「サービス」としての側面を見直し、謙虚さを取り戻すための兆候であると受け止めること**と論じています。

『臨死体験』立花隆（文藝春秋　一九九四）

知の巨人といわれ、自分の興味のあることにはとことん調べていく手法をとる評論家の立花隆――一九九一年、ＮＨＫのスペシャル番組として、立花隆の取材を追った『臨死体験』が放映され、16・4％という高視聴率を得ました。当時、世界での「死後の世界」研究は高まっており、一九九〇年には臨死体験研究の第一回国際会議が開催されました。そういう背景のなか、本書は日本における**臨死体験ブーム**のきっかけになったともいわれます。なお、本書は上巻と下巻があり、二〇〇〇年には文春文庫になっています。

『大往生』永六輔（岩波新書　一九九四）

浄土真宗の寺に生まれた著者は、大学在学中からラジオやテレビ番組の構成にかかわり、放送作家、作詞家などとして多方面に活躍しました。幅広い活動や交流がある著者が、日本全国を旅するなかで耳にした人々の言葉をおりまぜながら「死」について考えた本。人は必ず死ぬ、それなら人間らしい死を迎えるために、**もっと気楽に**、「老い」「病い」「死」について語り合おうと、勧めます。

『生と死の境界――「臨死体験」を科学する』スーザン・ブラックモア　由布翔子訳（読売新聞社　一九九六）

現代科学はどこまで臨死体験を説明できるのか、「死後の生」説、「脳内現象」説など、これまで論議されてきたさまざまな学説を紹介し、イギリスの心理学者である著者は、臨死体験は脳内で起きる一現象であるという立場から、なぜ脳が現実に見えない映像を現出させるのか、解き明かしています。

『死とどう向き合うか』アルフォンス・デーケン（NHK出版　一九九六）

アルフォンス・デーケンはドイツ生まれのイエズス会司祭であり、哲学者、一九五九年に来日し、上智大学で「死の哲学」「生と死の教育」の講座をもちました。以来、「死への準備教育」の普及に努めてきた著者による**死生学の入門書**。死のタブー化、悲嘆のプロセス、自殺、尊厳死、がんの告知、ターミナルケアなど、死をとりまく問題をわかりやすく解説しています。

『納棺夫日記』青木新門（文藝春秋　一九九六）
本書は一九九三年に著者の地元（富山）の出版社から出版して「地方文化出版賞」を受賞したものの増補改訂版。著者が冠婚葬祭会社にて納棺夫となった現場の体験をもとに、納棺という遺体の処理の中で生と死をみつめた作品です。本書を読んだ俳優の本木雅弘が感銘を受けて著者を訪問し、一旦は映画化を認めましたが、映画の脚本の結末が本と異なるため映画の原作を拒否……これは映画『**おくりびと**』のことです。おくりびとは、第81回アカデミー賞外国語映画賞、第32回日本アカデミー賞最優秀作品賞を受賞しました。

『死の変容』現代日本文化論6　河合隼雄・柳田邦男編（岩波書店　一九九七）
死の状況が大きく変わり、災害による死、高度医療の中での人間の尊厳、在宅ホスピスケアという新しい死の形等が浮上し、新たな「生と死」の文化を創る方向に向かうなかで、それぞれの専門の中で活躍する**十人の論者が問題提起**をしています。収録内容は、「自分の死を創る時代へ（柳田邦男）」「ガン死時代の生と死（徳永進）」「脳死との出会い（森岡正博）」「尊厳死とリビング・ウィル（澤田愛子）」「「死別からの再生（半田たつ子）」「阪神大震災六千五百人死の傷跡（梁勝則）」「『私の死』と現代（河合隼雄）」など。

『「死」にまつわる日本語辞典』奥山益朗編（東京堂出版　一九九七）

死をタブー視してきた日本人は、死を想起する言葉を婉曲し、「亡くなる」「息絶える」などと言い換えてきました。本書は**「死を暗示する」言葉を項目**として、文学作品のさまざまな描写や先人の苦痛の声を収録し、「老い」「死」そして「あの世」を言葉から考える珍しい辞典です。

『モリー先生との火曜日』ミッチ・アルボム　別宮貞徳訳（日本放送協会出版　一九九八）

アメリカのジャーナリスト、新聞コラムニストの著者は、偶然テレビで大学時代の恩師が難病（ALS、筋委縮性側索硬化症）に冒されていることを知り、恩師のモリー先生に会いたい衝動にかられます。新聞社は著者がモリー先生と会えるよう毎週火曜日に休暇を与えてくれました。以来、毎週火曜日、モリー先生の自宅で最後の授業が行なわれます。本書は、十四回の授業をとおして、「いかに死ぬかを学べば、いかに生きるかも学べる」「人生に意味を与える道は、人を愛すること」などを語り、**人生の意味をテーマ**にした最終論文ともいえます。

『葉っぱのフレディ——いのちの旅』レオ・バスカーリア　みらいなな訳（童話屋　一九九八）

アメリカの哲学者である著者が「いのち」について子どもたちに書いた生涯でたった一冊の**絵**

本ですが、大人の心にも響きます。春に生まれた葉っぱのフレディが自分という存在に気づき、成長していく……夏から秋へ、そして冬へと向かうなかで、死を怖がるフレディに親友のダニエルは「変化するって自然なことなんだ。死ぬというのも変わることの一つなのだよ」と答えます。**生まれること、変化することが永遠のいのち**へとつながる意味をフレディとダニエルの会話をとおして伝えてくれます。

『死の人類学』内堀基光・山下晋司（講談社　二〇〇六）

著者はともに人類学者であり、それぞれのフィールドである東南アジア、インドネシアとマレーシアの民族における**死の儀礼を比較**しながら議論を進めます。たとえば、インドネシアの異なる二つの部族――イバン族は死をめぐる観念が日常生活にみちており、身近な人の死という出来事を他界のある世界の彼方へと送り出す。一方トラジャ族は、死の儀式は盛大で水牛を供犠することも行なわれる。その部族の死生観の違いをとおして、人類一般の「死の人類学」を考えようとする本です。

『葬式は、要らない』島田裕巳（幻冬舎　二〇一〇）

宗教学者である著者は、平均二三一万円（刊行当時）という高額な葬儀費用から豪華になった葬儀にどんな意味があるのか、古代から現代に至る葬儀様式を鑑みて、日本人の死生観の変遷をたどり、**葬式の先にある理想的な死のあり方**を問いかけます。本書には「急速に変わりつつある葬式」「日本人の葬式はなぜ贅沢になったのか」「世間体が葬式を贅沢にする」「日本人の葬式はどこへ向かおうとしているのか」「葬式をしないための方法」「葬式の先にある理想的な死のあり方」などを収録しています。

『「平穏死」のすすめ　口から食べられなくなったらどうしますか』石飛幸三（講談社　二〇一〇）

著者は、ドイツの病院で血管外科医として勤めたあと、東京の急性期病院で外科医として病気と闘い、還暦を迎えたこともあり、どう自分の人生を締めくくっていくのか、人生の最後に医療はどうかかわるべきか……そんな思いから特別養護老人ホーム芦花ホームの常勤医になりました。そこでみたのは、食べられなくなった高齢者に胃ろう（へその上に穴をあけて、経管栄養剤を直接胃に入れる）や多量の栄養点滴投与などの**延命措置**が行なわれている実態。医療の現場では延命治療があるならやらなければいけないという強迫観念があるといいます。そんな実情のなか、一度しかない人生をしっかり生きて、その最期をどうしめくくればよいのか、誰でもが考えなくてはならない問題だとしています。

『人は死なない――ある臨床医による摂理と霊性をめぐる思索』矢作直樹（バジリコ　二〇一一）

東大病院救急部・集中治療部部長である著者が「霊性」について考察した本であり、**現役の医**

師が、日本人が古来持っていた死生観を論じたものとして話題を集めました。著者は、人が亡くなる現場に数えきれないほど立会い、科学では解明できない現象に関心を深めて、「生命は何か」という問題について思索し、「寿命がくれば肉体は朽ち果てるが、霊魂は生き続ける。その意味で、人は死なない」と考えたと語ります。

『プルーフ・オブ・ヘヴン――脳神経外科医が見た死後の世界』エベン・アレクサンダー（早川書房　二〇一三）

名門ハーバード・メディカル・スクールで脳神経外科医として治療と研究にあたってきた著者は、ある日、突然、奇病に襲われ、昏睡状態に陥ります。脳が病原菌に侵され、意識が働かないなかで、著者が見た世界とは……。それまで死後の世界を否定してきた著者が実体験から語った死後の世界を綴った本。アメリカでは二〇〇万部を突破した話題作です。

（順不同、敬称略）

死と死後の世界をとりまく社会現象「年表」

▼一九六〇年代

キュア（治療・治す）からケア（気遣い配慮する、看護）へ……現代医療がキュア偏重となり、患者に対する配慮が軽視されていることを反省する動きが出てくる。

◇一九六〇年代からアメリカで市民の権利意識が高まり、「**患者の権利**（医療を受ける権利、自己決定の権利、情報を得る権利、尊厳を得る権利など）」が叫ばれるようになり、一九七二年には「患者の権利章典」（アメリカ病院協会）が提唱される。

◇現代医療は治すことを目的とした医療を進め、あたかも死を拒否するようなイメージを与え、**死のタブー視**を生むことになった。それに対して、死は避けられない人生の自然な出来事としてとらえ、不自然な延命より苦痛を緩和して、人間らしい生を全うできるよう援助する動き――**ターミナルケア、ホスピスケアへの関心**が高まる。**ホスピス運動**は、イギリスで起こり、シシリー・ソンダース博士によって一九六七年、「セント・クリストファー・ホスピス」が設立された。

▼一九七〇年代

日本ではタブー視されていた「死」への過程とそのケアに目を向け始め、アメリカでは「死後の世界」に対する興味が大きなうねりとなった。

一九七一年　**E・キューブラー・ロス**著『**死ぬ瞬間**』が刊行される

一九七五年　アメリカで「カレン・アン・クインラン事件」が起きる。二十一歳のカレンは薬物を使いながらの飲酒で吐しゃ物を詰まらせて持続的な植物状態となる。両親は、彼女自身の「生命維持装置を外すか、つけないでほしい」という書面の意思の実行を求めて訴訟を起こし、ニュージャージー州最高裁判所は父親を後見人と認め、生命維持療法を拒否する権利を代理行使することを許し、生命維持装置の使用は中止された。この事件をきっかけとして、一九七六年、「**カリフォルニア自然法**（生命維持装置を拒否する医師への指示書〈リビング・ウィル〉を法的に認める）」**が成立**した。

一九七六年　**日本安楽死協会**が設立される。それ以前、一九五〇年代から安楽死協会を作る動きがあり、七五年に「安楽死懇話会」が開催された。なお、一九八三年には「**日本尊厳死協会」と改称**される。

一九七七年　日本ではじめて、「**ホスピス**」のことが新聞で紹介される（セント・クリストファー・ホスピスを訪問した鈴木荘一医師へのインタビュー記事）。

同　年　「**死の臨床研究会**」が発足、終末期医療への取り組みが本格的になる。
同　年　**レイモンド・A・ムーディ**著『**かいまみた死後の世界**』が刊行される。

◇一九七〇年代後半、長時間過重労働による疲労やストレスから心筋梗塞や脳出血などで死亡したり、心を病んで自殺する**過労死（過労自殺）が社会問題**となる。

◇一九七〇年代、**アメリカで「生命倫理（バイオエシックス）」の概念が発達**、患者の自己決定やインフォームド・コンセント等が浮上し、従来の医の倫理ではとらえられなくなったことによる。がん、遺伝病、バイオテクノロジーに重点がおかれ、脳死と臓器移植、体外受精、遺伝子治療など人間の生殖や生命にかかわる研究が行なわれるようになっていく。

▼一九八〇年代

宗教ブーム、神秘主義やオカルトブームともいわれる時期であり、日本では霊能者・宜保愛子や俳優であり霊界研究家の丹波哲郎がメディアに登場して注目を浴びた。

一九八一年　**死因のトップ**は、それまで第一位だった脳卒中（脳血管疾患）を抜いて、悪性新生物（**がん**）となる。以来、現在まで、がんはトップの座を譲っていない。

同　年　**日本ではじめてのホスピス**（第1号）「聖隷三方原病院ホスピス（静岡）」が誕生。続いて、八十四年には第2号として大阪に「淀川キリスト教病院ホスピス」が開設される。

一九八六年　世界保健機関（WHO）は、がん患者の痛みに対する治療指針を策定し「**WHO方式癌疼痛治療法**」を公表。これは鎮痛薬を三群に分けて、痛みの度合いに応じて、「時刻を決めて規則正しく、除痛ラダーにそって効力の順に……」などの基本原則で行なうというもの、このガイドラインに従えば痛みの約8割は除去できるといわれる。

同　年　女優・**シャーリー・マクレーン**著『**アウト・オン・ア・リム**』刊行、アメリカでは三〇〇万部のベストセラーとなる。アメリカでは七〇年代から東洋の神秘思想への関心が高まり、とくに仏教・インド思想の輪廻観や生まれ変わりが注目される。そういうなか、マクレーンが自らの過去生を思い出すという自伝を書いて話題となった。

一九八九年「**オウム真理教**」が宗教法人となる。

◇一九八〇年代、**宜保愛子**がテレビで稀代の霊能者として取り上げられ、注目を浴びた。一九七〇年代から芸能人などとの霊視対談を行ない、九〇年代に入ると宜保の霊能をテーマとした特番も組まれ、著書もベストセラーとなった。また、俳優であり霊界研究家の**丹波哲郎**は、「大霊界」関係の著書を多数刊行し、映画化され『丹波哲郎の大霊界』はパート2と合わせて動員数三〇〇万人となった。

▼一九九〇年代

臨死体験ブーム、バブルの崩壊、脳死者からの臓器移植を容認する法律の成立、オウム真理教事件の発生など、社会的に不安定な時代となった。

一九九一年　**立花隆**が欧米の「死後の世界」に関連する研究事例をレポートした「**臨死体験**」がNHKスペシャルとして放映される。立花隆は、月刊誌『文藝春秋』に「臨死体験」を連載、一九九四年に単行本を刊行。

同　年　「**幸福の科学**」が宗教法人となる。

同　年　「葬送の自由をすすめる会」が発足、**日本初の「自然葬（散骨）」**が行なわれる。

同　年　**バブルが崩壊**する。

一九九二年「**脳死臨調最終答申**」にて脳死者の臓器移植を容認、九七年には「**臓器移植法**」が成立する。

一九九四年　**永六輔**著『**大往生**』刊行、二三〇万部のベストセラーとなる。

同　年　遺体に防腐処理を施し、長期保存する「**エンバーミング**」に関して、日本でのＩＦＳＡ（イフサ、日本遺体衛生保全協会）が発足される。

一九九五年　オウム真理教による**地下鉄サリン事件**が発生する。
同　年　**阪神・淡路大震災**が発生する。
一九九七年　高齢化社会の進行に伴って、高齢者介護を社会で支え合う仕組みとして「**介護保険法**」が成立、二〇〇〇年に施行。
一九九八年　**自殺者が「三万人」台**となる。バブルの崩壊によって、倒産や失業などの経済的要因による自殺が急増。以来、三万人台が続く。

▼二〇〇〇年代

スピリチュアル・ブームが到来する。団塊の世代が高齢者となるとともに「エンディング・ノート」や「終活」など、老後から死後の後始末まで、自らの意思を表わして準備することに関心が高まる。遺されたもののグリーフケアに対する取り組みが始まる。臨死体験や死後の世界についての関心はより高まり、その一方で、どのように最終ステージを生きて死を迎えるか、「生と死」の問題がクローズアップされている。

二〇〇三年　NPO法人が作成した「**エンディング・ノート**」が話題となり、それをきっかけとしてのちに「エンディング・ノート」ブームを招く。
二〇〇五年　スピリチュアル・カウンセラーの**江原啓之**がテレビ番組「オーラの泉」に出演して

（二〇〇九年まで）スピリチュアルに注目が集まる。スピリチュアルは、医療の場でも注目され、二〇〇七年には「日本スピリチュアルケア学会」が設立される。

二〇〇六年　二〇〇三年に朝日新聞の天声人語で「千の風になって」が取り上げられて話題となり、新井満が訳して曲をつけた「**千の風になって**」が人気となり、ＮＨＫ紅白歌合戦で秋川雅史が独唱する。

二〇〇八年　映画「**おくりびと**」が話題となり、興行収入は64・8億円、邦画で三位となる。

二〇〇九年　日本で初めて「**グリーフケア研究所**」が聖トマス大学に開設（現在は上智大学に研究所を移設）。

同　年　「現代終活事情」が『週刊朝日』に連載される。それが発端となり「**終活**」という言葉が取り上げられ、二〇一二年の新語・流行語大賞トップ10に入る。

二〇一一年　イギリスの物理学者・**スティーブン・ホーキング博士**は、英紙「ガーディアン」のインタビューで「**天国も死後の世界もない**」と発言し、世界中で物議をかもした。

同　年　映画『**エンディングノート**』が公開、日本製ドキュメンタリーとして異例の興収となる。

同　年　**東日本大震災**が発生、地震と津波によって**福島第一原子力発電所事故**が起きた。

二〇一三年　**エベン・アレクサンダー**著『**プルーフ・オブ・ヘヴン――脳神経外科医が見た死後の世界**』が刊行され、アメリカで二〇〇万部のベストセラーとなる。

二〇一四年　ＮＨＫスペシャルとして立花隆の取材をレポートした「**臨死体験　立花隆思索ドキュメント　死ぬとき心はどうなるのか**」が放映され、高視聴率をとる。

二〇一五年「二〇二五年には六十五歳以上の三人に一人が**認知症**。認知症患者は現在の１・５倍、七三〇万人に上る」と厚労省の予測が発表される。

（敬称略）

あとがき——人はなぜ「死んだら終わり、ではない」と考えるのか

「死んだら終わり、ではない」という考え方は、紀元前の文明から今日にいたるまで、さまざまな民族のなかで根づいています。むしろ、「死んだら終わり」ととらえるほうが少数派といってよいでしょう。たとえ、肉体は滅びても、魂は死なない。この世から旅立ち、「あの世」「来世」に往く。幸福にみちた世界・天国や極楽浄土に往生する。または生前に悪い行ないをしたものは地獄へ落ちる。一方、遺されたものは、死者を弔い、浄土に往生することを祈って供養を行なう

……そう考える人が多いのではないでしょうか。

では、なぜ「死んだら終わり、ではない」と考えるのでしょうか。

死は、誰にでも必ず訪れます。でも、いまを生きている私たちは、自らの死を自覚することなく、日常生活を当然のように送っています。そして、病に罹ったり事故や災害に遭ったとき、死を意識して、独りで往く孤独で未知なる死の世界への不安と恐れを感じるのです。

ただ、懐かしい人がお迎えにきて、先に逝った親や知人、友とも会える「あの世」へ行くと思うと、不安や恐れはやわらぎ、平穏な心になる、というのも否定できないでしょう。そもそも自分という存在が無になることは受け容れがたく、自分の居場所を求めるのかもしれません。

また、遺されるものの視点からみれば、大切な人と二度と会えないというのではなく、先に往っ

て、あとに続く自分を待っていてくれる、あの世でまた会えると思うことで、別れの悲しみが少しでもやわらぐということもあります。

その他、現世では思うような人生をおくれなかったから、次に生まれ変わったら……など、と思う人がいるかもしれません。人それぞれ、自分の死後への思いがあることでしょう。

死んだら終わりではないのか、死んだら終わりなのか——この本のタイトルでもある「人は死んだらどうなるのか?」という問いに対する正解はありません。何が真実なのか、答えはなくてもよいのです。読者の皆さんがそれぞれ、いまを生きるなかで、自身の心が平穏になり、納得できればよいと思っています。

*

この本の執筆を始めた頃、私の人生のパートナーは、ターミナルステージにおりました。その傍らにいて死への受容のプロセスを共有した私は「死の自覚」とともに、いかに生きて、いかに死すか、自らに問い、こんな思いを抱いています。

「いま、ここに在ることを、あるがままに受け容れる、そして、自分の生と死を創る覚悟をもつこと」

最後に、自らの生を全うしようと死と向き合ったパートナーに「ありがとう」を伝えたいと思います。

二〇一五年六月
斉藤弘子

著者……斉藤弘子（さいとう・ひろこ）
ノンフィクションライター、駿台トラベル＆ホテル専門学校非常勤講師（サナトロジー＆カウンセリング論）、終活カウンセラー。「生と死」や「心」の問題を中心として、いまの時代と社会をみつめるテーマを追究している。
主な著書／『子どもをケアする仕事がしたい！』『女性のための「ケアする仕事」本音でガイド』（以上彩流社）『はじめて読む「葬儀・お寺・お墓・人生の後始末」の本』（共著、明石書店）『器用に生きられない人たち』（中公新書ラクレ）『自殺したい人に寄り添って』（三一書房）『私たちが流した涙　記憶に残る最期』（ぶんか社文庫）『【言視舎版】心をケアする仕事がしたい！』（言視舎）ほか。

装丁……山田英春
ＤＴＰ制作……ＲＥＮ

人は死んだらどうなるのか？

発行日❖2015年8月31日　初版第1刷

著者
斉藤弘子

発行者
杉山尚次

発行所
株式会社言視舎
東京都千代田区富士見2-2-2　〒102-0071
電話03-3234-5997　ＦＡＸ03-3234-5957
http://www.s-pn.jp/

印刷・製本
中央精版印刷㈱

ISBN978-4-86565-028-0　C0036